ビットコインの
ブロックチェーン
技術

若原 恭●著

カットシステム

まえがき

　昨今、情報通信技術が急速に発展しその活用による情報社会が益々高度化する中、仮想通貨がグローバルなスケールで話題になっている。ドルや円などの通常の法定通貨との交換レートが大きく変動したり、不正アクセスによって巨額の流失事件が発生したりして、報道メディアで扱われることも少なくない。世界で2,000を超えると言われる仮想通貨の内、最初に出現したビットコインが最も有名であろう。ビットコインを実現するための中核にはブロックチェーンと呼ばれる新しい技術がある。ブロックチェーンは仮想通貨を用いた取引の記録をいくつかまとめたブロックを鎖状に連結して蓄積するデータベースであり、ビットコイン以外の仮想通貨でも中核技術になっていることが多く、仮想通貨に限らず他にも幅広い応用が可能である。本書はそのような観点からブロックチェーンの技術を解説するが、ブロックチェーンはビットコインとともに一体として考案され開発されたもので、ビットコインの理解なくしてブロックチェーンを理解することは現実的でないため、本書はビットコインの解説書でもある。

　ビットコインおよびブロックチェーンに関する書籍や雑誌はすでに多く出版されている。当初は技術的な解説というより、ビットコインという新しい電子的なデジタル通貨が持つ社会的意義・効用や、主に投機対象としての観点からその社会的インパクトを強調することが多かった。その後、技術的な解説を主目的とする書籍も続々と出版されるようになった。

　ビットコインは多くの技術を集大成した一システムである。その中には、分散処理・暗号方式・ネットワーク技術など、特に20世紀から21世紀にかけて研究開発され、情報社会の中核を担っている多くの新しい基盤技術が含まれている。したがって、ビットコインおよびブロックチェーンを十分深く理解するためには、このように多様な基盤技術の理解も必須である。しかし、これまでに出版された書籍や雑誌などでは、動作の原理・仕組みの全貌、技術の本質、他技術との関連や位置づけ、限界や課題に関する整理などについて断片的あるいは明確で

ない説明が多く、例えば、ブロックチェーンの改善や発展・応用を検討するうえで不十分さや物足りなさを感じることが少なくない。本書は、このような問題を解決した総合的な技術解説を特徴とする学術書の実現を目的としている。

　ビットコインの技術の鍵は、多くの参加者がブロックチェーンを分散して個別に管理し更新し続けていくのにもかかわらず、常にほぼ同一の正しいブロックチェーンを保管し続けることにある。つまり、一時的に異なってもすぐに余分な部分が削除されて結果的には同一のブロックチェーンに速やかに収束するという動作を繰り返す。この動作は合意形成と呼ばれ、分散処理において本質的であるものの解決が困難な技術課題であることが知られている。その基本であるビザンチン将軍問題を参照して説明した書籍は少なくないが、その問題自体の記述があいまいであったり、この基本問題に対する解について小規模で簡単な具体例の紹介で済ませ明確な説明を省いたりすることが多く、ビットコインの中核技術の本質を理解するうえで十分とは言えない。総じて合意形成に関し多くの書籍は部分的な説明や表面的な説明に終始することが多く、理由を含めた総合的な動作を確実に理解できる書籍や解説は著者の知る限り皆無である。

　本書では、合意形成に関する具体的な動作を例を含めて詳細かつ丁寧に説明し、分散的に管理されるブロックチェーンの収束および再収束の仕組みを明らかにしている。これによってビットコインにおける合意形成の全貌が総合的に理解できることを狙った。また、合意形成に係わる動作を基に、ビットコインにおける合意形成の現実的で明確な新しい定義づけを試みた。さらに、ブロックチェーン技術の学術的な位置づけを明確にする記述も盛り込んだ。一方、このように重要な合意形成や現実的なビットコインの利用を効率よく実現するために、ブロックがヘッダとボディから構成されヘッダとボディの関係やブロック間の関係には大きな特徴があるが、その理由や意義についても具体的に説明しており、ブロックの構成が巧みなシステム設計の結果であることを示している。これらの解説は、他の書籍や解説などには見られないユニークな内容であり、ビットコインの技術の本質を理解することを意図する読者にはぜひ味わっていただきたいと願っている。

　一方、ビットコインに係わる広範な技術すべてを一冊の書籍でカバーすること

は現実的でないので、技術の詳細をブラックボックスとして扱い、外から見た技術の要点を中心に理解し把握するだけで十分と著者が判断した場合はそのような記述に留める方針とし、ブラックボックスの中身に関する詳細は別の書籍や論文に譲ることとした。また、説明がやや長くなりビットコインとブロックチェーンの本質を理解する最初の段階ではスキップしても基本的には問題がないと判断した場合は、本文での記述は最小限に留めそれ以上の記述は付録としてまとめることとした。

ビットコインとブロックチェーンは、本質的には新しい電子的なデジタル通貨である仮想通貨とその実現手段を新たに提起するものであるが、通貨に関連する様々な概念や考え方をも新たに提起している。また、実現技術として多くの既存技術を巧みに組み合わせて工夫することによって、これまでにない特性を達成し、実システムの運用を通してその正しさや有効性を実証するものととらえることもできる。本書では、このような観点での説明を明確に記述することにも留意した。

このように本書はブロックチェーン自体の技術に加え、その基盤技術や周辺技術の解説にもページをある程度割く方針とした。逆に言えば、本書を一通り理解することによって、ブロックチェーンとそれを実現する技術の本質的理解が総合的に得られるものと考えている。

なお、本書はビットコインの経済面や社会的なインパクトを主目的として解説するものではない。ビットコインとブロックチェーンの実装、およびビットコインを実際に利用する実務上のマニュアル的な説明やノウハウも本質的にカバーしていない。また、ビットコインの運用に係わる統計情報も掲載していない。これらの説明については他の書籍や雑誌などを参照することが可能であり、また、ビットコインを運用管理する組織が提供する Web サイトから関連情報を入手することも可能である。

本書は全 9 章と付録から構成されている。第 1 章は序章で、ビットコインの概要と歴史を簡単に紹介する。これによって、実質的に初めてビットコインに触れる読者がビットコインとその技術について興味を持っていただければ幸いである。第 2 章は、ビットコインの持つ独創的な技術の動作の仕組みの基礎を説明

する。多忙な読者が例えば1時間程度でビットコインの仕組みを理解する場合に役立つと考えている。また、基礎を理解することによってビットコインの技術への興味を強くし、技術に関し詳しい解説を具体的に記載した以降の章に進むことを願っている。

　第3章ではビットコインというシステムの初期動作を説明するが、動作全体に係わる技術を理解するうえで必要となる暗号方式の基本も合わせて紹介する。第4章は、ビットコインの中核データである取引の記録（トランザクション）とその扱いについて解説する。これによって通常の通貨や電子マネーなどとの本質的な差異も理解できる。第5章は本書の主要部であり、複数のトランザクションをまとめたブロックをネットワーク全体で並行的に分散処理することによって、正当なトランザクションをブロックチェーンというデータベースに保管し更新していく合意形成の仕組みと技術を紹介し、合意形成の定義を提示する。これらの記述は本書を初めて読む場合、やや難解に感じる可能性もあるが、ブロックチェーンが広範で深い熟慮のうえ設計された非常に巧みなシステム技術であると理解できるであろう。第6章では、このような分散処理による合意形成が持つ本質的な技術問題を明らかにした後、その正しい解の導出が容易でないことを示し、ブロックチェーン技術による解の位置づけを整理する。第7章では、ビットコインの分散処理を担うコンピュータが現実的には性能や容量に限界があるものが多いことを踏まえ、そのようなコンピュータにおける特徴的な動作の仕組みや技術を説明する。

　第8章では、益々発展するとともに急速に応用が拡大し続けるブロックチェーン技術の主要な動向を紹介する。ブロックチェーンの改善や活用を考えていくうえでの参考になると期待する。最後の第9章では、ブロックチェーン技術が将来さらに健全に発展することを願って、現在考えられる限界や課題を論じる。

　付録Aは、ブロックチェーンの運用で顕在化した問題の一例として、トランザクション展性と呼ばれる脆弱性とその対策について紹介する。巧みに設計されたシステムでも実装において脆弱性を含むことが避け難いことや、その対応についての教訓も説明する。付録Bでは、分散システムにおける合意形成の解について具体例を中心にして詳説する。特に理論に興味を持つ読者に有益であろう。

付録 C では、ビットコインでの採否に拘らず、ブロックチェーンについて取り組まれてきた主な改善や拡張について解説する。

　本書は特にブロックチェーン技術の本質を見極めたうえで、ブロックチェーン技術の応用や発展について検討していくことを意識した技術者・研究者向けの入門書である。ブロックチェーンは、決して完成した技術ではなく限界もあり課題も少なくないが、オリジナリティが高く将来的に発展の余地も大きいと判断され、著者から見ると非常に興味深い技術である。本書によってビットコインとブロックチェーンの仕組みを理解し技術の本質を把握したうえで、特にブロックチェーンの健全な活用・応用やさらなる発展を検討いただくことになれば著者の大きな喜びである。

基本的な用語と略語

　本書では多くの用語と略語を使用している。それらは原則として最初に出てくる箇所で意味や原型語を説明するが、一部は複数の意味を持つうえ多用するので本文に進む前に理解しておくことが望ましく、ここでまとめて説明しておく。

ビットコイン・BTC（bitcoin）

『ビットコイン』という用語を、次に示す3通りの意味で使用する。

① 通貨としての名称
② 通貨ビットコインの単位
③ 通貨ビットコインを実現するためのネットワーク、ソフトウェア、コンピュータ、および通信プロトコルを総合したシステム

　本書では、ビットコインを BTC と略すことが多いが、意味の区別があいまいになると判断される場合は『通貨 BTC』・『システム BTC』などと記述する。

トランザクション・Tr（transaction）

　システム BTC では『通貨 BTC の授受』という取引を実現するが、そのような取引自体および取引の記録のいずれもトランザクションと呼び Tr と略す。なお、データベースの分野で使われているトランザクションとは意味が異なるので注意が必要である。

ブロック（block）とブロックチェーン・BC（blockchain）

　Tr をいくつかまとめた集まりをブロックと呼ぶ。ブロックには、Tr 以外にブロックの改ざん対策やブロックの連結を実現するなど、Tr とブロックの様々な管理や制御のために必要な情報が含まれている。鎖状に連結された複数個のブロックをブロックチェーンと呼び、そのようなブロックチェーンを核として Tr を分散的に管理するシステムをもブロックチェーンと呼ぶ。いずれのブロック

チェーンも BC と略すが、両者の区別があいまいな場合は、『鎖状連結 BC』、『システム BC』と記述する。なおチェーンをチェインと表記することも少なくないが、本書では関連する分野の学会（電子情報通信学会・情報処理学会）を含めすでに広く使われているチェーンを採用した。

目　次

第1章

ビットコインの概要と歴史

1.1 ビットコインの概要

1.1.1 仮想通貨とビットコイン

　現代社会における様々な活動において、多様な物やサービスの価値の定量化を可能とし取引を容易にする通貨（貨幣）は必須と言える。これまでの通貨は、円やドルのように、法律によって定められ、使用に関して強制力（強制通用力）を持ち、国家によって価値が保証される法定通貨(legal currency/tender)であった。しかし、近年コンピュータ技術の発展に伴って、物理的な物として存在しないうえ法的な強制通用力も持たずコンピュータ上の仮想世界のみにデータとして存在するデジタル通貨（digital currency）が使われるようになってきた。デジタル通貨は電子通貨（electronic currency）とも呼ばれ多種多様でありその定義も確立しているとは言えないが、ここでは大雑把に「電子的なデータとしてのみ存在する通貨」と位置付ける。仮想通貨（virtual currency）はこのようなデジタル通貨の一種であり、2017年4月に施行された「資金決済に関する法律（資金決済

法)」の第二条5によって次の通り定義されている。

一　物品を購入し、若しくは借り受け、または役務の提供を受ける場合に、
これらの代価の弁済のために不特定の者に対して使用することができ、
かつ、不特定の者を相手方として購入および売却を行うことができる財
産的価値（電子機器その他の物に電子的方法により記録されているもの
に限り、本邦通貨および外国通貨並びに通貨建資産を除く。次号におい
て同じ。）であって、電子情報処理組織を用いて移転することができる
もの

二　不特定の者を相手方として前号に掲げるものと相互に交換を行うことが
できる財産的価値であって、電子情報処理組織を用いて移転することが
できるもの

本書では理解を容易にするため、次の2点を特徴とする通貨を仮想通貨と定
義する。

① ネットワークを介した分散処理を基盤として、その通貨の発行とその通貨
による取引が電子的に実現されること。
② 他の通貨とは独立してその通貨自体を新たに発行することが可能で、不特
定の者との間で通貨を含む物品やサービスの対価として使用可能であるこ
と。

①は、仮想通貨が従来の法定通貨と異なりコンピュータなどの上の仮想空間で
扱われ、その発行や取引が集中処理でなく分散処理によって実現することを意味
し、②は、仮想通貨がいわゆる電子マネーやポイントなどと異なり他の通貨とは
独立した存在であることを意味している。仮想通貨の定義は時代とともに変化す
る可能性がある。例えば、従来は『国家や法律による裏付けがなく、国家や法定
通貨とは独立に管理され、法律や条例などに基づく強制的な通用力がない』とい
う主旨を含んでいたが、中国ではデジタル人民元を国家として発行し法定通貨と

する動きがあり他の国も追随する可能性があるため、本書ではこの主旨を除外した。なお、仮想通貨は物品やサービスの対価以外に法定通貨や他の仮想通貨との交換によって入手可能であることが多い。

　世界で初めて考案され実用化された仮想通貨は、ビットコイン（BTC：bitcoin）[1] である。当初 BTC は仮想通貨と呼ばれていたが、2018 年に開催された「先進国首脳会議 G7」（Group of Seven：フランス、アメリカ、イギリス、ドイツ、日本、イタリア、カナダ）では暗号資産（crypto asset）と呼ばれ、これを受けて仮想通貨に代わって暗号資産と呼ぶ動きが出てきた。暗号資産という呼称の由来は、BTC などの仮想通貨の運用では暗号技術が必須で実際に多用されているため「仮想」でなく「暗号」を採用する一方、イーサリアムなど BTC と同様な、または類似のシステムでは通貨以外に契約を履行するための権利を表すように概念が拡張されたトークン（token）を通貨の代わりに使用していることから、「通貨」を「資産」に変更したと推測される。しかしながら、本書では次の理由から「仮想通貨」を採用している。

- 「仮想通貨」がすでに広く使われている。
- コンピュータ上の世界を意味する「仮想」は、本書の対象である BTC の基本的な特質を適切に表しており、上述した「仮想通貨」の特徴①と整合する。
- BTC には、「資産」の一つである「通貨」の方がより具体的で適している。
- BTC では確かに暗号技術が多用されているが、通貨（金額）自体を暗号化することは本質でなく、実際誰もが金額などの取引内容に自由にアクセスできるので、「暗号通貨／資産」という表現によって「暗号化されている通貨／資産」あるいは「暗号化されている取引」などとの誤解を招く恐れがある。

1.1.2　トランザクションと鍵

　システム BTC では法定通貨と本質的に異なる特徴を持つ仮想通貨を実現するため新しい技術が導入されたが、その中核技術がブロックチェーン（BC：

blockchain）である。BC は「分散台帳」とも呼ばれ、この名称や仮想通貨の特徴①からも想像できるように、運用管理が特定の組織によって集中的に行われるのではなく、ネットワーク上の多くの参加者によって分散的に行われる。言い換えると、BC の本来の目的は、トラストレス（trustless）すなわち信頼（信用）できる第三者（中央の集中管理機構）を必要とせず、当事者間での取引（とその検証）が可能な通貨 BTC を実現することにある。

通貨 BTC は仮想的であり物理的に存在するものではなく、支払者と受領者の間で授受するという取引を電子的に実現する。このような取引やその記録をトランザクション（Tr：Transaction）と呼ぶ。BTC の所有者は、その安全な使用を可能とするため、他者には秘密扱いの鍵を持つ。この鍵を使って、正当な所有額のうち任意の額を特定の相手（受領者）だけが受領可能な支払いに充てることができる。つまり、Tr によって支払者・受領者・支払額が明確に指定される。鍵はユーザに管理が委ねられており、もし鍵が他ユーザに知られるとその鍵を使って通貨を使われ（盗用され）てしまう。したがって、鍵の管理は極めて重要であり、通常はユーザ自身が管理するコンピュータに保管される。

1.1.3　ブロックチェーンと合意形成

システム BTC は物理的にはネットワーク上に分散配置されたコンピュータの集合で、これらコンピュータは基本的にいずれも同じ機能を持つ。このように対等な機能要素から構成された分散システムは P2P（peer-to-peer）システムと呼ばれており、すでに述べた通り中央集権的な機能や役割を持たない点が大きな特徴である。

P2P システムでは基本的にあらゆる処理が複数のコンピュータでほぼ同時に並行して実行され、これらコンピュータはネットワークの観点からノード（node）と呼ばれる。一般にノード間での情報授受を司るネットワークは必ずしも信頼性が高くなく不達・順序逆転・伝送遅延などがあり得、ノード間での確実な時刻同期は現実的に不可能である。その結果、特別な処理を施さないと、整合しない取引をノードで実行する恐れがある。例えば、二つの異なる取引 Tr1 と Tr2 につ

いて、あるノードでは Tr1 のみ、別のノードでは Tr2 のみ実行するようなこと
が起き得る。これでは客観的にどの取引が正当か判別できず混乱が生じ、信頼で
きる取引が実現できない。したがって、独立並行的に実行される各ノードでの処
理に関し、不整合が生じないように同一の取引を確定できるための特別な処理が
必須となる。このようなネットワークに接続された複数のノードが並行して分散
処理した結果同一の正しい取引を判別して承認し確定できるための仕組みを『合
意形成』（consensus）と呼ぶ [1], [2]。

　合意形成は厳密には第 5 章で定義するが、分散処理に特有な重要機能で、こ
れまで広く採用されてきた中央処理サーバによるシステムでは必要なかった。シ
ステム BTC では、このような合意形成によって取引だけでなく通貨の正当な発
行と管理も可能となっている。各ノードは基本的に過去の正しい Tr をすべて保
管する BC を共通に持つ。BC は Tr を複数個まとめたブロック（block）が鎖（chain）
状に連結された構造となっており、この構造が BC と呼ばれる所以である。

　BC は言わば Tr の分散データベースであり、合意形成によって各ノードが持つ
分散データベース BC のコンテンツは基本的に同一となる。合意形成はこれまで
分散処理の研究の一環として検討されてきた。その結果、正しい合意形成の実現
は一般に容易でないことが分かっている。BTC の合意形成は理論的に完全に正
しいとは言えないが、統計的にはほぼ正しいと考えられており、実際、稼働が開
始して以来合意形成に関してシステムが破綻するような本質的な問題は生じてお
らず、実用性の高い現実的な合意形成法として実証されつつあると言えよう。

　一方、通貨 BTC はシステム BTC の中で合意形成に伴って発行される。この
ような新規発行は、いわば自然界に眠っていた貴金属などの価値ある鉱物を採
掘し、それを活用できるよう市場マーケットに供することに相当するため、合
意形成のためのブロック作成動作を金や銅などの採掘にたとえてマイニング
（mining）と呼び、マイニングを行うノードをマイナー（miner）またはマイニ
ングノード（mining node）と呼ぶ。具体的には、BC に連結されるブロックを
逸早く完成することによって合意形成に貢献したマイナーは報酬を獲得するが、
その報酬には、Tr の支払者が支払う手数料に加え、ブロック作成に伴ってシス
テム BTC が新たに発行する通貨 BTC が含まれる。手数料はシステム BTC として

は 0 でも構わない。つまり、新たに発行される報酬が主な動機づけとなって各マイナーがブロック作成を競争する。

このように BC に基づくマイニング競争によって合意形成を実現し取引を確定していくというかつてないユニークなアイデアは、システム BTC の大きな特徴である。マイニング競争にはどのノードも参加できるが、実際には多量のコンピュータ処理が必要となるため、処理能力の高いコンピュータを持つノードがその処理能力に応じて勝利する仕組みとなっている。言い換えると、BTC は取引を実現するために新たな通貨を発行し、それをマイニング競争に勝ち抜いたマイナーに与えることで分散処理による合意形成を実現し取引を承認し確定するシステムと言える。

仮想通貨 BTC を実現する中核技術はシステム BC であり、BC によって BTC を用いた価値の保管（保有）と交換（移転）が可能となり、通常の法定通貨で可能なことは、BTC でもほぼすべて可能である。法定通貨との大きな差異は、BTC 自体が電子的なデータでコンピュータを通して取引が行われること、取引処理自体は一般に高速で、適切な安全対策によって高い安全性を保てること、そして法的な根拠や政府・日本銀行のような中央集権的な組織の裏付けと保証がなくても、関与する全ノードあるいはそれらを所有する参加者の総意によって運用管理されることにある。

1.1.4　ビットコインの特徴

以上で述べた通り、システム BTC はこれまでの多くのシステムとは大きく異なっており、様々な特徴を有している。それらをまとめると以下の通りで、アンダーラインは他のシステムや技術にないユニークな特徴であることを示す。

- P2P 型の分散処理システムで、構成する各ノード（コンピュータ）がサーバでありクライアントでもある。
- PC や専用コンピュータなどの処理装置上のソフトウェアによって実現される。

- 通貨発行機能があり、外から通貨が与えられることはない。
- ノード間の共同処理によって、正当な取引とその記録（台帳）を承認して確定でき、いったん確定した取引は非可逆（取り消しや変更が不可能）で、通貨の多重使用ができない。
- 各ノードに全取引記録が格納されており、ユーザはいつでも自由にアクセスできる。

1.2　ビットコインの歴史

　システム BTC は、分散処理、計算科学、コンピュータ、暗号技術、無線・有線通信技術、インターネットなど、いわゆる 20 世紀から 21 世紀にかけて発案され飛躍的に発展した情報通信技術（ICT：Information and Communication Technology）をベースとし、それらを組み合わせて活用することによって考案され開発された。BTC と BC の歴史の概略は以下のとおりである。

- 2008 年 10 月、Satoshi Nakamoto の著者名で BTC と BC に係わる最初の論文 [1] が発表された（BTC の検討開始は 2007 年と言われている）。集中的な機能を持つ中央の組織を不要とし参加者全体による分散的な管理によって、デジタル通貨の多重支払い問題を初めて実用レベルで解決可能としたことから、以降、特に金融分野の新技術として注目され始めた。
- 2009 年 1 月、システム BTC が実装され、誰もが利用できるようになった。最初のユーザは Nakamoto 氏であり、仮想通貨 BTC を最初に受領したユーザも Nakamoto 氏である。その後、多くの技術者によって、システム BTC の改良と拡張が進められた。
- 2009 年 10 月、通貨 BTC と法定通貨との交換レートが初めて公開され、実質的に法定通貨との交換が可能となった。
- 2010 年 5 月、商品購入に BTC が初めて使われた。ただし、この最初の使

用は直接ではなく、第三者が仲介した。いずれにせよ、法定通貨との交換と実用の実績によって BTC の普及が始まり、後の爆発的ブームのきっかけとなった。

- 2011 年 4 月、システム BTC の運用管理は Nakamoto 氏から離れ、ボランティアによるコミュニティに移った。Nakamoto 氏は身を引いたが、正体は現在も不明のままである。名前からは日本人とも考えられるが、国籍だけでなく個人かグループなのかについても一切明らかとなっていない。

- 2013 年 3 月、実装ソフトウェアのバグによって鎖状連結 BC に分岐が発生した。この頃から通貨 BTC の利用が着実に拡大するとともに、法定通貨との為替レートが変動制であることを踏まえバブル的な投機が始まった。テレビや雑誌などで BTC に関する報道が行われるようになり、投機を含む利用が益々拡大していった。これに伴って BTC の高騰だけでなく、システムへのハッキングや通貨の漏洩（流失）などのトラブルが増加するようになった。トラブルを受けて仮想通貨に関する規制の検討も始まった。一方、BTC 以外への BC の応用の期待が大きくなるとともに、仮想通貨としての実用が拡大していった。

- 2014 年頃から、Dell や Microsoft などの大手グローバル企業が BTC による支払いの受付を開始した。

- 2015 年 8 月にはシステム BTC の分裂が生じ始め、新しいソフトウェアヴァージョンがリリースされた。ただし、新ソフトウェアは必ずしも利用されなかった。並行してセキュリティ事件など多様な課題が次々と顕在化し始めた。特に 2016 年には、BTC ではないが BC に基づくプラットホーム上の投資ファンド The DAO（Decentralized Autonomous Organization）がサイバー攻撃を受け、多額の仮想通貨が流失するという事件が起き、社会に大きなショックを与えた。このような状況を背景として、仮想通貨に対する規制についての検討や議論が活発化するとともに、多額事業資金による BC の応用の発展、学術面での検討や研究も一層活発化してきた。また、BTC/BC に関する解説記事や書物が刊行されるようになった。

- 2017 年 4 月、BTC を含む仮想通貨に対する法律「改正資金決済法」が国

内で初めて施行された。この法律の目的はユーザを保護することにあり、取引所に対する規制を制定したものである。

- 2017 年 8 月、BC の人為的な分岐が行われ、新たな通貨 Bitcoin Cash が誕生した。その大きな特徴は、処理能力の増大を目的としてブロックの大きさの上限を 1 MB から 8 MB に拡張したことである。2018 年 11 月には Bitcoin Cash がさらに分裂して、新たに Bitcoin SV が誕生した。

- 2019 年 6 月、SNS（Social Network System）を運用する Facebook が BC に基づく新しい仮想通貨 Libra の構想を発表した。同年 10 月、中国が BC に基づくデジタル人民元の開発を進めていることを正式に公表した。これらの発表により、国レベルでの仮想通貨の発行や運用の議論が広く本格化することとなった。2020 年 6 月にデジタル人民元の実証実験が開始した。

- 2020 年 7 月、国内の新興企業ソラミツなどが BC に基づく仮想通貨「Byacco/ 白虎」を開発し、会津大学内で正式運用を開始した。

BTC に関する統計情報を含む最新の情報は、いくつかの Web サイトから常時入手することができる [3]。その中には、通貨 BTC の為替レート、ネットワーク内ノード数、BC・ブロック・Tr などに関するデータのリアルタイム値も含まれる。

第2章

ビットコインの基本的な仕組み

2.1 ビットコインの基本構成

　システム BTC を外から見た基本的な構成は図 2.1 に示す通りで、BTC は物理的にはネットワークで接続された複数のノードの集合である。ネットワークにはインターネット [4] が想定されている。ノードにはいくつかの種類があるが、いずれにも何らかの BTC 機能を持つソフトウェアを実行するコンピュータが含まれる。コンピュータは、パソコン・スマートホン（スマホ）・BTC 専用マシンなど多種多様である。

　BTC の運用に直接係わる者やノードを参加者と呼び、BTC を運用するために必要な機能を持つソフトウェアを実行し、通貨 BTC による取引の内容を表すトランザクション（Tr）をすべて記録した台帳であるブロックチェーン（BC）を保管している。基本的に BC は全参加者のノードで共通である。通貨 BTC による取引を行うがシステム BTC の運用は担当しない者やノードをユーザと呼ぶ。現実にはユーザが参加者よりはるかに多いが、参加者とユーザの両者を兼ねる場合も少なくない。各ユーザは、取引時に必須で自身に固有の秘密鍵を所持しており、

秘密鍵を安全に保管するとともに、保有する通貨 BTC を効率よく管理し利用するため、電子ウオレット（electronic wallet）（単にウオレットとも呼ぶ）という名称の特別なソフトウェアを用いることができる。

　ユーザに物品やサービスを提供しその売買・賃貸の代金として通貨 BTC を受け取る店舗を加盟店と呼ぶ。加盟店はシステム BTC から見るとユーザでもある。また、通貨 BTC を法定通貨や他の仮想通貨と交換する組織や場所を交換所または取引所と呼ぶ。交換所はユーザであるが、参加者を兼ねる場合もある。

　以降では、BTC/BC の仕組みや動作の理解を容易にするため、特に断り書きがない限り、システム BTC はユーザを兼ねた参加者のノードだけから構成されているものとする。

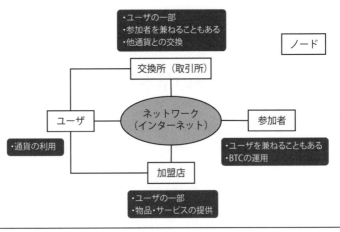

図2.1●システムBTCの基本的な構成

2.2 トランザクションの構成概念と役割

　システム BTC の最終的な目的は通貨 BTC を用いた取引の実現である。取引は、物品やサービスの対価として、あるユーザが BTC を使って別のユーザに支払う

ことであり、技術的にはある金額の BTC の所有者（支払者）が別の者（受領者）に代わることである。個々の取引は当事者間で合意したことを前提としている。つまり、扱う対象の取引自体の正当性は疑う余地がないという前提を置いている。このような取引を実現するため、支払者は支払者・支払額・受領者などの支払い取引の内容を含む Tr を作成しネットワーク全体、すなわち BTC の運用に係わる全ノードに周知する。ある Tr で受領した額を新所有者が別の支払いに使うときは、同様にその別の支払いのための取引内容を表す Tr を作成しネットワーク全体に周知する。

　ネットワーク全体への周知の方法の詳細は第 3 章で説明するが、それにはインターネットにおけるルーティングのための IP アドレス [4] が必要である。各ノードは通常他のいくつかのノードの IP アドレスを保有しており、それらノードを隣接ノードと呼ぶ。ネットワーク全体に Tr を周知する場合、Tr を作成したノードは全隣接ノードに Tr を送信する。Tr を受信した各隣接ノードは各々が持つ隣接ノードに対して Tr を送信する。このような送受信を繰り返すことによって、Tr がネットワーク全体に拡散していき、基本的には数秒程度で全ノードが受信することになる。受信した Tr に問題があることを検知したノードは、隣接ノードに送信することなく、Tr を作成したノードにその旨のメッセージを送り返す。

　図 2.2 は Tr の構成例を概念的に表す図で、BA（Bitcoin Address）はユーザを識別する情報である。Tr は大別して input 部と output 部から構成され、それぞれ 1 個以上の input と output を持つ。各 input は過去の取引で受領した通貨を財源としてこの Tr での支払いに充てることを示すため、過去の Tr の受領額（実は output）を参照する。各 output はこの Tr による支払いを表すため通常支払額と受領者（支払先ユーザ）BA を含む。この例では、BA1 が過去の取引で、BA2, BA3 および BA4 からそれぞれ 20, 80, 40 BTC（ここでの BTC は通貨単位）を受領しており、input 部はそのうち BA2 と BA4 から受領した計 60 BTC をこの Tr での支払に充てる。output 部はこの 60 BTC のうち 10, 20, 29 BTC をそれぞれ BA5, BA6, BA1 に支払うことを示す。BA1 から BA1 への支払いは自ユーザ自身への支払いであり、この Tr の「お釣り」を意味する。

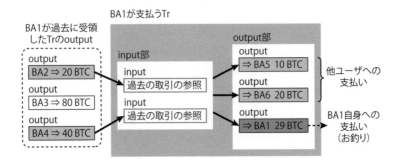

図2.2●Trの構成例（概念図）

　システム BTC では借金は許されず、支払いの合計額以上の財源を持つことが要求される。つまり、input 部の合計額は output 部の合計額以上となる必要がある。その差額

　　input 部の合計額 – output 部の合計額

は陽には示されないが、この Tr を承認するための処理の手数料となる。図 2.2 の例では、手数料は参照総額 60 BTC と支払総額 59 BTC の差額 1 BTC となる。1.1 節で説明した通り、Tr の承認のためにいくつかの Tr から構成されるブロックを作成する作業はマイニングと呼ばれ、最も早くマイニングを完了したマイナーがこの差額を手数料として受け取る。なお、図 2.2 の例での支払いには過去に BA4 から受領した 40 BTC だけでも財源的には十分で BA2 から受領した 20 BTC は必ずしも必要ないが、結果的に過去の複数の取引で得た受領額を一つにまとめてから、この Tr での支払いの残額をお釣りとして受領したことになる。

　2.1 節で述べた通り、各ノードでは過去の Tr をすべて含む共通の BC を保管しているので、input で参照する過去の Tr の使用履歴を検査することによって、いったん支払いに充てた Tr の受領額を再度使用することを不可能にできる。この再使用を多重使用と呼ぶが、多重使用防止はデジタル通貨による取引において必須であり、複数のノードによって運用される BTC において BC が中核的な役割を果たしている。その詳細な説明を第 3 章以降で段階的に進めていく。

　取引は通貨の所有者の名義変更であるとも言え、Tr において input から output に通貨価値を移転することによって実現される。つまり、図 2.3 に示す通り、Tr における input と過去の Tr の output の連鎖によって価値の移転（取引）が実現される。output では正当な受領者だけがその額を受領し使用できるよう特別な条件を付ける。言い換えると output はロックされており、正当な受領者だけがロックを解除可能となっている。具体的には、通常 output には正当な受領者の BA が指定されており、正当な受領者だけがその BA に対応する秘密鍵を使って作成できるデジタル署名（以下単に署名と呼ぶ）によってロックを解除し output の金額を使うことが可能となる。図 2.4 は、このように output には支払額（受領者の立場からは受領額となる）に加えロック解除条件を含み、input には参照する output を一意に指定するため Tr を識別する情報とその Tr 内の一つの output を識別する情報、およびロックを解除するための情報として署名を含むことを表す。図 2.2 の Tr 例では、BA5, BA6, BA1 がそれぞれ 10, 20, 29 BTC を受領するが、将来これら受領額を使用するときは、BA5, BA6, BA1 が新たに Tr を作成し、その Tr 内の input において図 2.2 の Tr とその中の該当する output を参照し、正当な所有者が使用することを証明する署名を含める。

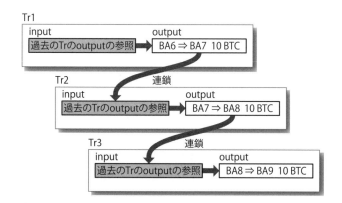

図2.3●Trの連鎖による通貨の所有者移転（この例では、3件のTrによって10 BTCの所有者がBA6⇒BA7⇒BA8⇒BA9と移転する）

15

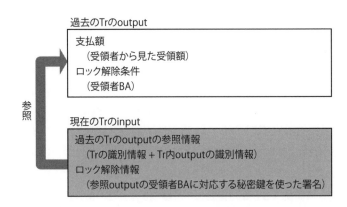

過去のTrのoutput

支払額
　（受領者から見た受領額）
ロック解除条件
　（受領者BA）

参照

現在のTrのinput

過去のTrのoutputの参照情報
　（Trの識別情報 + Tr内outputの識別情報）
ロック解除情報
　（参照outputの受領者BAに対応する秘密鍵を使った署名）

図2.4●inputによる過去のoutputの参照とロックの解除

　output は小切手に近いと言われることがある。通常小切手では支払額と支払先（受領者）および支払金融機関を指定する。これらの情報のうち、支払先（受領者）と支払金融機関がロック解除条件に相当する。ただし Tr には支払金融機関に相当するものがない。論理的には支払金融機関に相当するものはシステム BTC になるが、これは常に同一で変わらないため一々指定する必要がないからである。このような Tr の作成は支払者所有のコンピュータ内で行われる。つまり、そのコンピュータがネットワークから切断されていても Tr の作成は可能である。この点は小切手を作成する場合と同様である。

2.3 トランザクションが満たすべき条件

　支払者が作成した Tr がネットワークに周知されると、各ノードは Tr を受信していったん取り込み、過去に同じ Tr を受信して処理済みでないか検査する。処理済み Tr であれば二重処理は不要なので直ちに棄却して処理を終える。未処理の新しい Tr については、この Tr に含まれる全 output の受領者を調べ、自ノードの BA あて支払いをすべてウオレットでの管理対象にする。

　前節で述べた通り、Tr に含まれる output で受領した通貨は将来別の Tr の

input で参照することによって使用でき、このような input と output の連鎖によって通貨 BTC の所有者移転、つまり取引が成立するが、その取引が正しく混乱を生じさせないためには、Tr に含まれる output および input（が参照する output）に関し、いくつかの条件を満たす必要がある。その条件の一部については前節でも触れたが、あらためて全体を整理すると以下の通りであり、Tr を受信したノードはこれら条件を満たしているか検査し、検査に合格した場合のみネットワーク周知のため隣接ノードに Tr を送信する。

① 取引において、支払いに必要十分な財源が存在している必要がある。この条件を「財源額条件」と呼ぶ。

② 取引において、支払者が他ユーザの財源でなく自分の財源を使う必要がある。具体的には、この Tr の各 input が参照する過去の output ではいずれもこの Tr の支払者を受領者としてロックされており、この Tr の支払者だけがその過去の output のロックを解除できている必要がある。この条件を「財源所有者条件」と呼ぶ。

③ 取引の支払者が、後になってその取引が無効であり支払いを否認できることがあってはならない。これを「支払否認防止条件」と呼ぶ。

④ 過去の取引で受領した通貨の使用が多重使用でない必要がある。具体的には、この Tr の各 input が参照する過去の output はいずれも他の input によってまだ参照され使用されていない必要がある。この条件を「多重使用防止条件」と呼ぶ。

以下、各条件の充足性について説明する。

財源額条件

Tr が財源額条件を満たしているか否かの判定は容易である。つまり、この Tr に含まれる各 input が参照する過去 Tr の output の受領額を導出して総和を計算し、この Tr に含まれる output の支払額の総和と比較すればよい。この比較判定は、各ノードが過去の Tr をすべて含む BC を保管しているので問題なく実施で

きる。

財源所有者条件と支払否認防止条件

すでに述べた通り、Tr に含まれる output はロックされ、ロックを解除するための解除条件が設定されている。ロックとその解除には暗号技術が応用されている。output の解除条件の実際の形式は通常のプログラムに近いスクリプトであり第 4 章で詳しく説明するが、通常受領者の BA を指定することによってロック処理されており、この BA に対応し正当な受領者だけが所有する秘密鍵を適用して署名した場合のみロックが解除できるので、財源額所有者条件が満たされている。つまり、正当な受領者のみがその output で指定された受領額の通貨を使用できる。BA と秘密鍵の対応関係については第 3 章で説明する。

逆にこの署名ができるためには BA に対応する秘密鍵を所有している必要があり、秘密鍵を持たない他のユーザには不可能である。つまり、署名によって、output で指定された受領者がその output の受領額を使用したことを確認できるので、署名者が使用（支払うという取引）を否認できないことになり、支払否認防止条件が成立する。

例えば、ユーザ P がユーザ Q に 5 BTC を支払う場合、P が output にその旨をスクリプトで記載して Q の BA でロックしておく。Q は自分の秘密鍵でこの output に署名してロックを解除でき、5 BTC を使うことが可能となる。実際には、将来 Q が新たな Tr を作成するとき、5 BTC を受領したこの output を参照する情報とそれを使うためのロック解除用署名を新しい Tr 内の input に含める。他の各ノードはこの署名を検査することによって、間違いなく正当な受領者である Q が 5 BTC を使用したことを確認でき、Q は 5 BTC 使用を否認できないことになる。

ユーザが所有する通貨を管理するために通常利用されるウオレットは、財源所有者条件を満たす過去の output を検索する機能を持っている。実際には、ノードは Tr を受信する都度そのノードを管理するユーザの BA あて支払い output を含むか否か検査することによって、その BA あての未使用 output を判別して抽出し、ウオレット内で一括管理する。未使用 output を管理しないノードは、ネッ

トワークを通して他のノードに問い合わせることができる。

多重使用防止条件

通貨とその取引を実現するうえで、通貨の多重使用を防止することは必要不可欠である。通貨が紙幣やコインのような物理的形態であれば、その授受によって取引が実現されるので多重使用防止は自然に実現される。しかし、電子的な処理だけで済ませる BTC では、例えば情報のコピー・書き換え・生成が容易で、多重使用の防止には特別な仕組みが必要である。BTC による Tr は多重使用がないことを確認して初めて承認される。

新しい Tr に関しネットワーク内で多重使用がなく問題ないと承認できるためには、単に支払者が Tr をネットワークに周知するだけでは不十分である。なぜなら、その Tr の情報だけからでは、過去に受領した output の 2 回目以上の使用（多重使用）になるか否か判定できないからである。システム BTC では多重使用防止のため、過去の全 Tr データをネットワーク内の各ノードが持ち、かつ、取引の発生時刻に基づく順序関係に従って全 Tr を一列に並べておく。そして、この各ノードで共通な一列の Tr データを調べることによって、与えられた Tr に含まれる input が参照する output の多重使用を検査し、多重使用のない Tr だけを正当であると承認する。

しかし、一般にネットワークにおけるノードの動作タイミングは完全には同期できないため、全 Tr データの共通一列化は容易でない。例えば、ある Tr がいくつかのノードで承認された直後にその Tr で使用された過去の output を再度使用した場合、二重使用となる input を含む Tr を別のいくつかのノードが先に受信すると二重使用 Tr を承認してしまうため、特別な仕組みがないと多重使用が成立する余地がある。

多重使用のうち、同一の output を参照する複数の input が一つの Tr に含まれていた場合は、その Tr を検査することによって容易に検出でき、その Tr を不正と判断し廃棄すればよい。BTC では、各ノードにおいて Tr をいくつかまとめたブロックを作成し、これをネットワークに周知する。したがって、多重使用する複数 input が異なる Tr に含まれていても、そのような Tr が一つのブロックに含

まれていれば、そのブロックを検査することによってやはり多重使用を容易に検出でき、例えば多重使用となる Tr のうち後から受信した Tr を廃棄すればよい。

しかし、多重使用となる input を含む複数の Tr が異なるブロックに含まれる場合は、一般に多重使用の検出は必ずしも容易でない。BTC では、ブロック間の順序関係を維持できるように全ブロックを一列の数珠状に連結された鎖構造で管理しておき、新たにブロックを受信して鎖構造に連結する際、過去の全ブロックを遡って調べることによって多重使用を検査する。このような鎖構造のブロック列が鎖状連結 BC である。一方、ブロックは各ノードが個別に作成するので、それらブロックは同一の Tr を含むとは限らず一般には異なる。このような状況において、各ノードが保管する BC が共通となるように全ノードが同一のブロックを選択し数珠状に連結することを保証するための特別な分散処理が重要で、これが合意形成である。

合意形成に基づく Tr 承認処理は BTC/BC の中核機能であり、基本的にはマイニングと呼ばれる早い者勝ち競争として実現されている。このマイニングには大量の計算を必要とする。したがって、マイニングには明確な動機づけが必要で、BTC では最も早くマイニングを完了し競争に勝利したノードにだけ報酬が支払われる。つまり、マイニングを行うノードであるマイナーはこの報酬の獲得を目指して競争することになる。この報酬には、ブロックに含まれる各 Tr の支払者が支払う手数料の合計値だけでなく、ブロック作成に伴って新たに発行される通貨も含まれ、この報酬は coinbase Tr と呼ばれる特別な Tr として扱われる。一般に手数料に比較して新たに発行される通貨の方が高額であるが、時間の経過とともに減少し最終的には 0 となる設計となっておりいずれ逆転する。

この多重使用防止条件と合意形成はかなり複雑であり次節でさらに説明するが、詳細は第 5 章で扱う。

2.4 合意形成と安全性

　前節で述べた通り、システム BTC では Tr における受領額の多重使用などを防ぎ正当な Tr による支払いを確実に保証するため各ノードは基本的に正当な全 Tr の履歴を含む同一の BC を持つが、これを実現する仕組みがマイニングに基づく合意形成である。マイニングではいくつかの Tr をまとめてブロックとし、そのブロックに対して一つの暗号パズルを解くという特別な計算を行う。ここで各マイナーが互いに独立にかつ並行してブロックを作成し暗号パズルを解くことに注意が必要である。つまり、ネットワーク上に存在する各ノードが同期することなく動作するので、各マイナーが完全に同時にブロック作成を開始することはできないし、ネットワークにおける Tr やブロックの送受信では順序逆転・伝送誤り・不達があり得るうえ、伝送誤り時の再送の影響も受ける伝送遅延時間は様々な値になり得る。また、各ノードがブロック作成開始までに受信する Tr が同一とは限らないし、たとえ受信した Tr が同一でも受信した Tr のうちブロックに含める Tr の選択については、基本的な方針は全ノードに共通であるものの実際には各ノードの裁量に任せられている部分もあるため、ブロックに含まれる Tr が同一とは限らない。

　取引を実現するシステム BTC では、各ノードが持つ BC に含まれる過去の Tr は基本的にはすべて正当で同一である必要があるうえ、取引が繰り返されてブロックが新たに作成されるごとに行われる BC の更新の結果も全ノードで同一となる必要がある。これを実現するため、システム BTC では並行して作成される様々なブロックの中から同一のブロックを全ノードが選別し、基本的には BC が常に一列の数珠つなぎ状となるように、選別したブロックを BC に連結する。ブロック選別を含むこのような BC 更新のための合意形成は暗号パズルを使って巧みに実現されているが、その基本動作を整理すると次の通りである。

- （個々の Tr を合意形成の処理対象とすることは効率が悪いので）複数個の Tr をまとめたブロックを合意形成の直接の対象とする。そのためマイナー

はまだブロックに含まれていない Tr をまとめて仮ブロックとし、それに対する暗号パズル解きを開始する。

● 暗号パズルを解くことに成功したマイナーは、直ちにその正解を含めてブロックを完成し全ノードに周知する。同時にそのブロックに連結すべき次の新しいブロックの作成に向け暗号パズル解きを開始する。

● ブロックの完成を目指し暗号パズル解きを進めていたマイナーが正当なブロックを他ノードから受信すると暗号パズル解きを中止し、受信したブロックを BC に連結して更新すると同時に、更新後の BC に連結すべき次の新しいブロックの作成に向け暗号パズル解きを開始する。

● このように BC に連結されたブロックおよびそのブロックに含まれる全 Tr は『仮』承認された扱いとなる。そのブロック以降一定数(例えば 5)のブロックがさらに連結されると承認が『確定』となる。

● 承認されたブロックを作成したマイナーは、新たに発行された通貨 BTC とブロックに含まれる全 Tr の手数料を報酬として受け取る。この報酬獲得はマイニングの動機づけであり、原則として最も早く暗号パズルを解き完成したブロックをネットワーク周知したマイナーだけが獲得する。

　暗号パズルの特徴は、解くために要する計算処理量は膨大であるものの、解が正しいことを確認する検証は極めて短時間に行える点にある。このような特徴を持つパズルの一例として多次元方程式を想定して具体的に説明する。微分方程式を使って多次元方程式の数値解を得る場合、一般に所要時間は次数の増大に応じて急速に増加するので、パズル解法の難度は次数によって調節できる。一方、与えられた解が正しいか否かは、その解を元の方程式に代入して成立することの確認だけで済むので、次数によらず極めて簡単である。つまり、多次元方程式には解法の困難さと解の検証の容易さという非対称性があり、暗号パズルとしての特徴を備えている。BTC で実際に採用されている暗号パズルは、その名称からも推測できるように暗号に関連する技術に基づくもので、暗号パズルの詳細は 5.3 節で説明する。

　マイニングの主作業は暗号パズルを解くことであるが、この作業および得られ

た解はともに、計算量が膨大で大変困難な作業を完遂したことの証明でもあるので、PoW（Proof of Work）とも呼ばれる。一般に、マイナーは高性能なコンピュータを多数台用いて暗号パズルを解くことによって暗号パズル解き競争の勝者を目指す。実際には汎用コンピュータを使ったソフトウェア処理で解くのではなく、ASIC（Application Specific Integrated Circuit）を含む専用ハードウェアを活用することによって高性能化を図っている。昨今は個人でハードウェアを導入するのではなく、複数の者が共同で出資してより高性能なコンピュータを導入しパズル解き競争に参加するケースが急増して主流になりつつあり、このような仕組みは「マイニングプール」と呼ばれている。

　各ノードが保管する BC は鎖状に連結されたブロックの集合であるが、その連結はブロック間の親子関係に基づく。親子関係は、過去に作成されたブロック（正確には、ブロックの一部）の情報の要約（ハッシュ値）を新ブロックが含むことで実現され、古いブロックを親ブロック、親ブロックのハッシュ値を持つ新ブロックを子ブロックと位置付ける。各ノードは、図 2.5 に示す通り、BC をブロックの親子関係に基づいて論理的に連結した形態で保管し、正当なブロックを新たに受信すると BC 内にある親ブロックに連結する。つまり、基本的には新たに受信したブロックを既存の BC 内の最新ブロックに連結するが、前者のブロックが子で後者のブロックが親である。このブロック連結の繰り返しによって、基本的にはブロックが数珠状に連結されて 1 本の鎖のように伸びていく。実際には一時的に一つの親ブロックに複数の子ブロックが連結されて分岐（fork）することもあるが、通常は分岐が起きてもすぐに解消されるので、原則として BC は常に鎖状に連結されたブロック列となる。

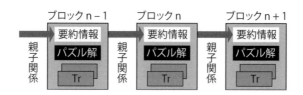

図2.5●ブロックの親子関係と鎖状の連結

　ブロックが BC に連結されて組み込まれるとブロックが『（仮）承認』されることになり、ブロックの『信用』が生まれる。ブロックの信用の度合いは、そのブロックの先にさらに別のブロックが鎖状に連結されることによって高まる。つまり、子ブロック（『（仮）承認』2 回）、孫ブロック（『（仮）承認』3 回）、ひ孫ブロック（『（仮）承認』4 回）……など、連結された子孫のブロックが多いブロックほど『（仮）承認』回数が増え信用が高くなる。

　一般に、ブロックを完成させるための暗号パズル解きに要する時間（より厳密には、いずれかのマイナーによって新たなブロックが完成し BC に連結される時刻の間隔）が約 10 分となるように、暗号パズルの難度が自動的に調整される。約 10 分という時間は、Tr 承認までに要する時間と BC の分岐が一時的に起きる確率とのバランスを考慮して決定されているが、詳細は 5.7 節で説明する。

　システム BTC の合意形成は、実はブロックの改ざん対策にもなっている。改ざん自体は極めて容易であり、例えば受信したブロックの内容を改ざんして隣のノードに送信することは簡単である。しかし、ブロックを改ざんすると当然パズルの解 PoW も変わるので、単にブロックを改ざんしてパズルの解をそのままにして隣接ノードに送信すると、PoW が正解でなくなり、改ざんされたブロックを受信したノードで不正と判断し廃棄する。つまり、見破られない改ざん（以下では、見破られない改ざんを単に改ざんと呼ぶ）をするためには、受信後に改ざんしたブロックに対して新たに PoW を計算し直してブロックに含める必要があり、しかも改ざんされていない正当なブロックがすでにネットワークに周知され BC に連結され始めているため、それを追いかけることになるので容易ではない。

　一方、BC は親子関係によって連結されたブロックの列であり、BC 内の一つのブロックを改ざんするとそのブロックのハッシュ値が変化するため、そのハッシュ値を持つ子ブロックの改ざんも必要となる。つまり、BC 内の一つのブロックを改ざんするためには、その子ブロックについても改めて PoW の計算し直しが必要となるので、子孫ブロックが多いブロックほど PoW 計算競争に勝ち続けていくことが必要で益々困難となる。このように、ブロックに親ブロックのハッシュ値を含めた鎖状連結化によって改ざんが困難になっており、子孫ブロックの個数すなわち（仮）承認された回数に応じてブロックの改ざんの困難度は指数関

数的に高くなる。システム BTC では、例えば 6 回以上『承認』されたブロックは事実上改ざんできないと考え、5 個以上連結した子孫ブロックを持つブロックは完全に承認され『承認が確定』したものと扱う。承認が確定したブロックに含まれる Tr もすべて承認が確定したことになり、そのような Tr の output は以降安心して使うことができる。逆に言えば、『承認』回数が一定数未満のブロックは、承認されたと呼ぶこともあるが、正確には『仮承認』の状態にある。このようにブロックおよびブロックに含まれる Tr について改ざん耐性が強いことから、BTC および BC は安全性が高いと言われる。なお、この改ざん耐性には、ブロックの入れ替え（順序の変更）に対する耐性も含まれる。

2.5 ネットワークノードの構成

　システム BTC を構成する各ノードに必要な機能はいくつかの要素機能に分割することができ、実際にノードを実現する際には、いくつかの要素機能の組み合わせをオプション的に選ぶことができる。要素機能を大きく整理すると次の 4 種となる。

- NW：ネットワークルーティング（通信）
- MN：マイニング（ブロック作成）
- BM：ブロックチェーン（BC）の管理（Tr データベースの維持）
- WT：ウオレット（鍵と資産の管理）

　NW は他ノードと連携するための通信機能であり、どのノードでも必要である。他の 3 要素機能はすべて必須というわけではない。各要素機能の略号を使うと、各ノードは主に次の 4 タイプに整理できる。実際にはシステム BTC を拡張したプロトコル機能を持つノードなど、この 4 タイプ以外のノードもある。

　① NW + MN + BM + WT：フルノード（参加者兼ユーザ）

② NW＋WT：マイニングやBC管理を行わない軽量ノード（ユーザ）

③ NW＋MN＋BM：ウオレットを持たないマイナー（参加者）

④ NW＋BM：BC運用を担うがウオレットやマイニング機能は持たないBC運用ノード

　4要素機能すべてを持つノードはフルノードと呼ばれ、最新の完全なBCを持ち他ノードを参照することなくBTCの機能を遂行することが可能で、完全に自立的に動作する。本書では、BTC/BCの理解を容易にすることを目的として、これまで全ノードがフルノードであることを前提とし、フルノードを単にノードと呼んで説明してきた。つまり、参加者やユーザが管理するコンピュータを持つノードはすべてフルノードとしてきた。フルノードに対し、BCを持たず簡易な方法でTrを検証するノードもあり、軽量（Light Weight）ノードあるいはSPV（Simplified Payment Verification）ノードと呼ぶ。近年では、スマホなどによる軽量ノードを利用するユーザが増える傾向にあり、フルノードよりはるかに多くなっている。

　ウオレットを持たないマイナーは報酬の獲得を目的としてマイニングに注力しており、特に暗号パズルを高速に解くためのハードウェアを備えていることが多い。ウオレットやマイニング機能を持たないが完全なBCを持つノードは、例えば決済システムで採用されており、外部との接点となるゲートウェイとしての役割を持つことが多い。

　軽量ノードについては第7章で扱うこととし、引き続き第6章まではフルノードを前提としフルノードをノードと呼ぶことにして説明を続ける。ただし、マイニング動作を強調する場合はノードをマイナーと呼ぶ。

第**3**章

ビットコインの
初期動作と暗号方式

3.1 ノードの参加と初期動作

　システム BTC へのノードの参加は自由であり、一時的な離脱と再参加や永久
的な離脱も可能である。新たに BTC に参加するには、インターネットにアクセ
ス可能な環境下で参加者が管理するノード用コンピュータを準備すれば十分で、
BTC への接続、切断および再接続が何の制限もなくいつでもどこからでも可能
である。しかも参加者は一人で同時に複数のコンピュータから BTC に参加する
こともできる。以下では代表的なケースとして新規の参加者がユーザも兼ねて
BTC に参加するノードのための具体的な手順や機能を説明する。

　ノードのコンピュータには BTC 機能を持つ BTC ソフトウェアが必要である
が、BTC ソフトウェアは BTC に係わる組織が運用する Web サイト [3] などで常
時提供されている。ただし、公式な BTC ソフトウェアや公式な Web サイトが存
在するわけではない。ノードで初めて BTC ソフトウェアを起動すると、3.4 節で
説明する公開鍵暗号方式 [5] に基づく公開鍵と秘密鍵、および自ノードの識別情
報（ID：Identifier）となる BA を、図 3.1 の手順に従って生成する。具体的には、

まず使用しているコンピュータの OS（Operating System）の機能を使って、時刻やインターネット接続用 IP アドレスなどの情報を基に乱数を発生する。乱数は通常 256 ビットで構成された約 10^{77} 種類の値で、発生ごとに毎回異なり、実質的に他のコンピュータが発生する乱数とは異なるユニークな値と考えて差し支えない。次に公開鍵暗号方式に従ってこの乱数から 256 ビットの秘密鍵を生成し、この秘密鍵から 520 ビットの公開鍵を生成する。BTC で採用されている公開鍵暗号方式は楕円曲線暗号（ECC：Elliptic Curve Cryptography）[6] であるが、その詳細な数学的説明は本書では割愛する。さらに、公開鍵に一方向性の暗号的ハッシュ関数 [7] の SHA（Secure Hash Algorithm）256 および RIPEMD（RACE Integrity Primitives Evaluation Message Digest）160 を連続して計 2 回適用することによって 160 ビットの BA を生成する。

図3.1●鍵とBAの生成

　暗号的ハッシュ関数については 5.3 節で詳しく説明するが、出力値から入力値を導出することが極めて困難（一方向性）で事実上不可能であるなどの特徴がある。この特徴によって、BA から公開鍵を作る（推測する）ことや BA や公開鍵から秘密鍵を作る（推測する）ことはできないと考えて良い。ハッシュ関数を 1 回でなく 2 回適用する理由は、より安全性を高めるためと考えられる。つまり、特に 2 種類の異なるハッシュ関数を使うことによって、一つのハッシュ関数が万が一破られて出力値から入力値を導出することが可能になっても、もう一つの異なるハッシュ関数が同様にすぐ破られてしまうことにはならないため安全性が高いと判断される。

　このように秘密鍵・公開鍵・BA は相互に関連があり、例えば『公開鍵に対応した秘密鍵』、『BA に対応した秘密鍵』などと表現することがある。

　特殊な BA として vanity address と呼ばれるものがあるが、これは希望する文字列を含む BA であり、人間が読んで理解できるメッセージを含むとも解釈できる。例えば、何かを募集する場合において募集の趣旨が容易に理解できるように、赤い羽根であれば akaihaneabcdefg…のように文字列「akaihane」を含む BA である。このような vanity address を生成することは一般に容易でなく、秘密鍵の生成、公開鍵の生成、BA の生成、BA が希望する文字列を含むか否かの検査の各処理を極めて多数回繰り返して初めて目的に適う BA が得られる。

　鍵の生成と管理には BTC ソフトウェアの一部であるウオレットを活用できるが、非決定性（nondeterministic）ウオレットと（階層的）決定性（(hierarchy) deterministic）ウオレットの 2 種類がある。非決定性ウオレットは random wallet とも呼ばれ、秘密鍵を複数個ランダムに生成する。複数の秘密鍵を生成する理由は、システム BTC では BA を含む取引の記録 Tr が公開され、結果的に取引に係わる支払者や受領者が識別可能となってプライバシー（privacy）が問題となり得るので、一人のユーザが BA を多数使うことによってプライバシー問題を緩和するためである。非決定性ウオレットを用いる場合、極端に言えば Tr ごとに異なった BA を使うことになり、秘密鍵の個数もそれに応じて増大していくという問題が生じる。

　決定性ウオレットは、この問題を解決するものである。決定性ウオレットは seeded wallet とも呼ばれ、一つの共通のシード（seed）から一方向性ハッシュ関数によって導出された複数の秘密鍵を管理する。この seed は『秘密の秘密鍵』とも呼べるもので、seed さえあれば秘密鍵をすべて復元できる。つまり、秘密鍵の紛失への対策としては seed のみをバックアップしておけば十分で、各秘密鍵を生成するたびにバックアップを保管する必要はなくなる。

　生成される乱数・秘密鍵・公開鍵・BA はノードに固有で他のノードのものとは異なるが、より厳密に言えば、一致する確率が極めて小さく現実的に無視できる。秘密鍵はそれを正当に所有するユーザが運用するノードにおいて秘密裏に管理するもので、他のユーザや参加者などに決して知られてはならない。第 4 章で詳説するが、これによって各ユーザが自分の秘密鍵を使って実行する取引などの動作の正当性が保証されるとともに、各ユーザは実行した取引などを『実行し

ていない』と否認することが不可能になる [5]。なお BA だけでなく公開鍵も他ノードに公開されるが、特に BA はノードの識別（正確には、通貨 BTC の所有者の識別、つまり、取引における支払者と受領者の識別）に通常使用される。

　一般に公開鍵暗号方式を利用することによって、暗号だけでなく、署名・本人認証・否認防止など、安全な情報社会を実現する上で必須の多くの機能が実現可能となる。それら基本機能を持った基盤は公開鍵基盤（PKI：Public Key Infrastructure）と呼ばれ [5]、公開鍵と公開鍵所有者との対応付けを集中して管理するサーバを設け、必要に応じて参照可能とする。しかし、BTC では公開鍵や BA を必要の都度相手ノードに送出する、あるいは BA を公開鍵から導出することとしており、このような方法によって集中管理サーバを不要とし、本質的な分散処理を可能としている。

　システム BTC では、原理的には免許証やパスポートなどによる本人確認を経ないで BA を取得可能である。そのため BTC において不正があった場合、不正に係わるノードの BA を特定できてもその参加者やユーザを特定し個人名を明らかにすることは困難な場合があり、この点が BTC の問題の一つとなっている。

　ユーザが最初の取引で支払いを行う場合、通貨 BTC をあらかじめ入手しておく必要がある。それには例えば次の方法がある。

- 交換所で、円やドルなどの法定通貨と通貨 BTC を交換する。
- 特別な銀行口座への送金によって BTC を購入する。
- すでに BTC を所有している個人から直接購入する。

3.2　新参加ノードのネットワーク接続

　システム BTC に新たに参加するコンピュータはまず BTC に含まれる一つの既存ノード（以下、BTC に接続済みであるノードを強調する場合ノードでなく BTC ノードと称す）に接続されるが、その手順は次の通りである。BTC ノード情報をまったく持たない新ノードは最初に DNS（Domain Name System）[4] を

利用して DNS シード（DNS seed）にアクセスし、BTC ノードの IP アドレスを問い合わせる。DNS シードは BTC ノードの IP アドレスを管理する DNS サーバである。通常 BTC ソフトウェアは数個の DNS シードを含んでおり、そのうちの一つが使われる。BTC ノードの IP アドレスが既知であれば、DNS シードを使う代わりにそのアドレスをマニュアル入力して BTC ノードに接続することもできる。新ノードの BTC ノードへの接続に使用されるトランスポート層プロトコルはポート番号が 8333 番の TCP [4] であり、以降のノード間通信においても同様の TCP が使われる。なお、BTC は集中管理機能がない分散処理システムだと通常言われているが、この DNS シードだけは例外的で、DNS シードは信頼できる集中的機能を持つとも言える。

このようにして新ノードが既存 BTC ノードの一つに接続すると様々な情報を受け取る。その代表的な情報は、他の既存 BTC ノードの IP アドレスおよび最新の全 Tr データを含む BC である。

新ノードが既存 BTC ノードの IP アドレスを複数保存することによって、必要に応じて複数の既存 BTC ノードに接続可能となる。このように一つのノードから直接接続可能なノードは隣接ノードと呼ばれる。隣接ノードを複数とする理由は、一般に BTC で使われる物理的なネットワークは常に信頼性が高く利用可能とは限らず、一部の宛先にしか情報のやりとりができない可能性があることを前提にしており、そのような場合でも BTC 機能が動作し続けられるためには少なくとも一つのノードに常に接続できる必要があるからである。隣接ノードとの間で長時間（例えば、90 分以上）情報のやりとりが全くない場合、新しい BTC ノードを探す。BTC では集中的に全体を監視する機能が存在しないが、このようにネットワークや相手ノードに障害が一時的に発生しても、ネットワーク的に自立して BTC 機能を維持できるような仕組みが組み込まれている。

Tr データに関して新ノードが最初から保管している情報は、BTC ソフトウェアに組み込まれている最初のブロックのみである。ブロックはいくつかの Tr をまとめたもので、最初のブロックは始祖ブロック（genesis block）と呼ばれる。新ノードが適切に機能するため、始祖ブロックから最新のブロックまでの全ブロックを BTC ノードからダウンロードして取り込むが、この全ブロックの集合

は、ブロックの親子関係によって数珠状に一列に連結された構造の BC である。このように複数個のノードの間で同じ BC を持つための動作を『BC 同期』と呼ぶことがある。全ブロックの個数は膨大であり、しかも常に増え続けている。したがって、ダウンロード時間も保管するために必要なメモリサイズも相当に大きくなる。

なお、ダウンロード延べ時間が相当に大きくなる理由は、BC の巨大なサイズおよびネットワークの伝送速度やスループットの制限だけでない。ブロックを提供するノードがダウンロードのためだけにリソースを使い果たして他の機能の遂行ができなくなるような事態の発生を避けるため、わざと 500 ブロックずつ分割して送出することによって負荷が時間的に集中しないように制御していることもある。

また、自ノードが持つ BC と隣接ノードが持つ BC と比較し、不足ブロックがある場合は差分ブロックのみをダウンロードする。このような BC 同期は、新ノードの BTC ネットワークへの新規参加時だけでなく、ノードが一時的にネットワークから切断されていた場合も行われ、結果的に BC 同期によってすべてのノードは互いに BC を常に更新し続けることになる。

3.3 暗号方式とその鍵

3.3.1 暗号方式の原理

システム BTC の最も重要な基礎技術の一つは暗号方式である。一般に暗号方式は与えられた情報（データ）がたとえ漏洩したり盗まれたりしても、その内容を読み解き悪用することを不可能または困難にする技術である。以下で暗号方式の基本事項を解説するが、暗号方式の完全な深い理解には数学の知識が必要でかなり専門的でもあるので、暗号方式を利用する観点での本質をとらえた概要のみの記載に留め、詳細は他の専門書 [5], [7] に譲る。

一般に暗号方式は二つの鍵を持ち、与えられた情報に対して第 1 の鍵を使っ

て特別な処理（暗号化と呼ぶ）を施すことによって、第2の鍵がなければ元の情報に復元し読み取ることを不可能または困難にする。暗号化の対象となる元の情報を平文、暗号化された平文を暗号文、暗号化に使われる第1の鍵を暗号（化）鍵、暗号文を元の平文に戻すために使われる第2の鍵を復号（化）鍵とそれぞれ呼ぶ。暗号化と復号に使われる具体的な処理の手順を合わせて暗号アルゴリズムと呼ぶ。

　例えば、アルファベット文字から構成された「secret」という平文（単語）を暗号化することとし、具体的な暗号アルゴリズムを各文字をアルファベット順の2文字分だけ後の文字に置き替えるものとする。すると、平文「secret」の暗号文は「ugetgv」となるが、暗号アルゴリズムが不明な場合にこの暗号文をすぐに解読することは容易でない。暗号アルゴリズムと復号鍵が分かっていれば、暗号文において各文字をアルファベット順の2文字分だけ前の文字に置き替えれば復号ができる。この暗号アルゴリズムでは暗号鍵も復号鍵も同一の2であり、後述する秘密鍵暗号方式の一つである。

　暗号方式を情報の秘密保管に利用する場合、暗号鍵・復号鍵ともに、その情報の所有者が管理することになる。一方、暗号方式を情報の通信に利用する場合は、通信に先立って、送信者と受信者が暗号アルゴリズムに合意したうえで、送信者が暗号鍵を持ち、受信者が復号鍵を持っておく必要がある。図3.2は暗号方式の通信への応用の原理を示す。

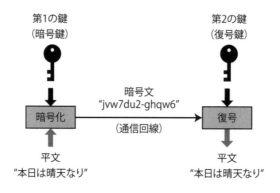

図3.2●暗号方式の通信への応用の原理

3.3.2 秘密鍵暗号方式と公開鍵暗号方式

　暗号方式は秘密鍵暗号方式と公開鍵暗号方式に大別できる。秘密鍵暗号方式は、共通鍵暗号方式、対称鍵暗号方式、慣用暗号方式と呼ばれることもあり、公開鍵暗号方式は、非共通鍵暗号方式、非対称鍵暗号方式と呼ばれることもある。いずれの暗号方式でも、暗号アルゴリズム自体は公開しておくことが多い。なぜなら、通常暗号化・復号ともにコンピュータで処理するので、そのための処理ソフトウェアを事前に用意しておく必要があり、暗号アルゴリズム自体が秘密扱いだと、そのような処理ソフトウェア自体の事前配布が面倒になるからである。

　秘密鍵暗号方式は、図 3.3 に示す通り、基本的に暗号鍵と復号鍵が同一の暗号方式である。その一般的な特長は、高速処理が可能で大量の情報に対する暗号化に適すことにある。n 名のユーザの間で互いに秘密扱いとすべき情報を安全に送受すべき場合、ユーザのペアごとに鍵を 1 個ずつ持つ必要があり、全体で合計 n(n − 1) / 2 個の鍵を通信の前にお互いに交換して渡しておく必要がある。このように多数個の鍵を用意し、事前にかつ秘密裏に各ユーザに渡しておくこと、および各ユーザがそれぞれ n − 1 個の鍵を秘密裏に管理することが必要であり、特にユーザが多く n が大きい場合に鍵の管理が容易でないという欠点がある。

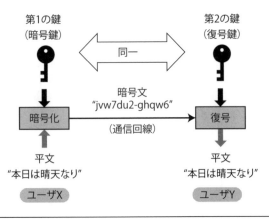

図3.3●秘密鍵暗号方式の原理（ユーザXからY宛の暗号通信で、ユーザXとYが同一の鍵を持ち、それぞれ暗号化と復号に使う）

　一方、公開鍵暗号方式では第1の鍵と第2の鍵が異なり、第1の鍵から第2の鍵を生成したり推測したりすることができないという点に特徴がある。第1の暗号鍵を公開鍵、第2の復号鍵を秘密鍵と呼ぶ。もちろん両鍵は独立ではなく互いに関係があり、例えば第2の秘密鍵から第1の公開鍵を生成したり、両鍵を同時に生成したりする。

　図3.4に公開鍵暗号方式の原理を示す。第1の公開鍵は、その名称からも理解できるように広く公開するもので誰もが知ることを前提とし、情報を送信する際に送信者による暗号化に使用する。第2の秘密鍵は、その名称から理解できるように秘密扱いとし、情報の受信者のみが保管し復号に使用する。公開鍵は秘密鍵と連携して作成されるので、通常両鍵とも受信者が作成する。したがって、n名のユーザの間での相互の通信に応用する場合でも、各ユーザが秘密裏に管理すべき鍵は受信者として必要な秘密鍵1個のみである。また、送信者に事前に渡す必要がある鍵は公開鍵で秘密扱いする必要がないため、総合的に鍵の管理が極めて容易である。しかも後述する通り、公開鍵暗号方式には秘密鍵暗号方式では実現できないがデジタル取引に必須で重要ないくつかの機能を実現できるという特長もある。しかしながら、公開鍵暗号方式には一般に処理速度が遅いため大量の情報の暗号化には不向きという欠点がある。

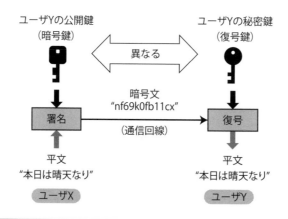

図3.4●公開鍵暗号方式の原理（ユーザXからY宛の暗号通信で、ユーザYのみの公開鍵と秘密鍵を使う）

　両暗号方式が互いに補完的な特長を持っていることを利用し、現実にはサイズの大きなファイルなどを暗号化して送信する場合、高速処理が可能な秘密鍵暗号方式によってファイルを暗号化し、その復号に必要な鍵は一般にファイルよりはるかにサイズが小さいので公開鍵暗号方式によって暗号化して受信者に事前に送ることが多い。このような両暗号方式の適材適所的な活用によって、鍵の管理が容易となるうえ、大量の情報を安全にかつ高速に送受信することが可能となる。

　両暗号方式に関し様々な暗号アルゴリズムが開発されており、表 3.1 と表 3.2 にいくつかの例を示す。一般に、暗号アルゴリズムは復号鍵なしで暗号文を元の平文に復元するという解読が困難なほど優れており、同じアルゴリズムでは鍵が長いほど解読が困難で安全強度が高い傾向にある。

表3.1●秘密鍵暗号方式の具体的なアルゴリズム例

名称	特徴など
DES（Data Encryption Standard）	・1977 年にアメリカの標準化機関 NIST（National Institute of Standards and Technology）（旧 ANSI）が制定した。 ・鍵長は 56 ビットで、平文を 64 ビットのブロック単位で暗号化する。 ・現在は、暗号強度に問題があると認識され、後述する AES が代わりに制定されている。
RC5（Rivest Code 5）	・アメリカの RSA 社が考案した。 ・鍵長は可変である。
AES（Advanced Encryption Standard）	・DES に代わる暗号方式として、2000 年に NIST が制定した。 ・鍵長は 128/256/512 ビットから選択可能で、平文を 128 ビットのブロック単位で暗号化する。

表3.2●公開鍵暗号方式の具体的なアルゴリズム例

名称	特徴など
RSA（Rivest Shamir Adleman）	・発明者の 3 名の名前の頭文字から命名され、早くから広く普及している。 ・整数の素因数分解が一般に困難であることを利用している。 ・鍵長が 512 ビットの暗号が 1999 年に解読された。

名称	特徴など
楕円曲線暗号 （ECC：Elliptic Curve Cryptography）	・システム BTC を含め、最近広く採用されている。 ・『離散対数問題』と呼ばれ楕円曲線に係わる問題の解の困難さを利用している。 ・鍵が 512 ビットの RSA と同程度の安全強度を例えば 160 ビット程度の鍵で実現できる。

公開鍵暗号方式は 1970 年代に考案され、現在の情報社会の安全化の基盤となっている。この方式では、例えば大きな自然数の素因数分解のように、ある方向の計算は極めて簡単であるが、逆方向の計算は極めて困難で現実的な時間では不可能という一方向性を特徴として持つ関数が利用される。

3.3.3　公開鍵暗号方式の応用

実際に使われる公開鍵暗号方式は暗号以外にも重要な応用を持つ。以下では、署名・認証・否認防止の 3 応用について具体的に説明する。

公開鍵暗号方式において、図 3.5 に示す通り、秘密鍵と公開鍵の適用を暗号化と逆にする。つまり、送信すべき情報（原文）に第 2 の鍵（秘密鍵）を適用して処理した後に送信し、受信者が受信情報に第 1 の鍵（公開鍵）を適用して処理することによって元の送信情報を復元できたものとする。この送信側処理では秘密鍵を使うので所有者のみが実行可能であり、その送信側処理の結果をデジタル署名または署名と呼び、送信側処理で使う秘密鍵を署名鍵と呼ぶこともある。受信側の処理では公開鍵を使うので、誰もが実行可能である。図 3.5 に示す通り、送信すべき情報に署名を加えて送信し、受信側で署名に公開鍵を適用して処理した結果と受信情報が一致した場合、送信者はこの公開鍵に対応した秘密鍵を所有していたことを確認できる。つまり、署名があれば署名対象の情報を署名した者を検証できる。ここでの公開鍵を検証鍵と呼ぶこともある。以上が署名の原理であるが、実際の応用では署名対象の情報を直接秘密鍵で処理するのではなく、通常は署名対象の情報をハッシュ化してから署名する。ハッシュ化によって情報量が減り特に署名の処理量が削減でき時間を短縮できるからである。図 3.6 に署名

を使った実用的な通信を示す。

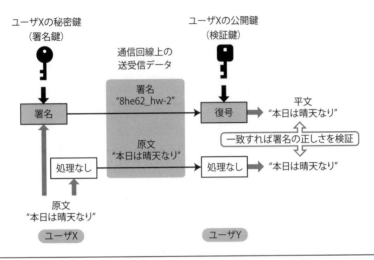

図3.5●署名付き原文の送信の原理（ユーザXによる署名には、ユーザXのみの秘密鍵と公開鍵を使う）

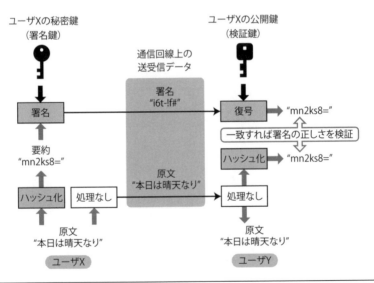

図3.6●実用的な署名付き原文の送信（送信する情報をハッシュ化してから署名する）

　公開鍵暗号方式は認証に応用することも可能である。図3.7は、ユーザXがサーバにアクセスする際のサーバでのユーザ認証の方法を示す。ユーザXは、例えばXのログインID（ID_of_Xとする）を自分の秘密鍵で処理した結果（署名（ID_of_X）とする）とID_of_Xをサーバに送る。サーバは両情報を受信し、署名（ID_of_X）にユーザXの公開鍵を適用して、その結果が受信したID_of_Xと一致するか検査する。一致すれば、Xの秘密鍵で署名したこと、つまり、このユーザがX本人であることを検証でき、不一致であればXの秘密鍵で署名していないためユーザがXでないことを確認できる。このようにして、サーバはアクセスしたユーザが本人であるか否かをその公開鍵を使って認証できる。図3.7では署名対象とする情報をXのログインIDとしたが、第三者がその署名を盗むと、それを後刻悪用することによってXになりすますことができてしまう。したがって、実際にはアクセスするごとに署名が異なるようにする必要があり、例えばアクセスする時刻をログインIDに加えた結果を署名の対象とする。

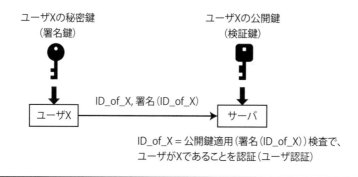

図3.7●公開鍵暗号方式によるユーザ認証の原理

　署名は秘密鍵の所有者しか生成することができないことを利用し、署名したユーザが後刻それを否認できないようにすることが可能である。例えば、電子的な契約文書に対しユーザXが署名したものとする。契約文書とその署名を受け取った別のユーザYは、ユーザXの公開鍵を適用して処理することによって、その署名がXによって作成されたことを検証できる。これは、図3.7において

ID_of_X を契約文書、サーバをユーザ Y に置き換えたことに相当する。この検証はユーザ Y だけでなく X の公開鍵を使えば誰でも実行可能であり、X はその契約文書を否認できないことになる。

　以上から分かるように、公開鍵暗号方式の利用に際しては、①秘密鍵は所有者本人以外の誰かに盗られたりコピーされたりすることがないよう所有者が厳重に安全管理を行うこと、および、②秘密鍵に対応する公開鍵を誰もが常に確認またはアクセスできることが大前提となる。後者の実現には、電話帳によって電話番号を検索することと同様に、一般には公開されたサーバで集中的に保管管理する方法が考えられ、その集中サーバとその運用組織は認証局と呼ばれる [5]。しかし、分散処理を特徴とするシステム BTC では本質的に集中処理を採用しない方針であり、認証局の代わりに、通常署名に公開鍵を付加してまとめて扱う。なお、付加された公開鍵の正当性は、取引の相手を識別する情報である BA が公開鍵から生成できるので、BA を用いて容易に確認可能である。

　なお、暗号技術の意味として狭義と広義に分けて整理する考え方がある。狭義の暗号技術は、機密扱いとすべきデータや情報を秘匿するための技術であり、3.3.1 項と 3.3.2 項で説明した。広義の暗号技術は、狭義の暗号技術に含まれない暗号技術の応用や関連技術を意味する。暗号技術の応用は本項ですでに述べたが、関連技術としては 2.2 節で触れた暗号的ハッシュ関数があり、詳細は 5.3 節で説明する。

3.3.4　システム BTC における公開鍵暗号方式

　システム BTC では安全性を確保するため公開鍵暗号方式を利用しており、各ユーザはノードに公開鍵と秘密鍵を持つ。公開鍵は公開するが、秘密鍵は当該ノード内でのみユーザが秘密裏に管理する。両鍵は対応しており各ノードで異なる。

　現在の銀行における振込システムに例えると、公開鍵は銀行口座番号に対応し、秘密鍵はその口座の銀行カードと暗証番号または通帳と届出印鑑に対応する。ある金額を誰かから自分の口座に振り込んでもらうためには、自分の銀行口

座番号を相手に知らせ、振り込みが完了した後、本人のみが所有する銀行カードと暗証番号または通帳と印鑑を使って、その口座から金額を引き出す。大きな違いは、暗証番号と印鑑などは忘れたり紛失しても変更または再発行が比較的容易であるが、BTC の場合、秘密鍵を紛失すると、秘密鍵だけでなく公開鍵も BA も作成し直しになってしまう点、および、両鍵は通常ウオレットで保管されるため、ユーザが直接目にしたり入出力したりすることがない点である。また、BA を所有するユーザの本名などの素性を知り得る者は、例えば実際に取引する相手のみのように通常限定されており、銀行口座のように集中的に管理されてはいない。一方、取引記録である Tr がすべて公開されているので、BA ごとの残高（財産）も公開されている。ただし、一ユーザが複数の BA を持てるので、ユーザごとの残高が公開されているわけではない。

　すでに述べた通り、暗号通信において公開鍵で処理した情報（暗号文）を受信した場合、対応する秘密鍵を持ったノードでのみ解読し元の情報（平文）に戻す復号が可能であるが、実はシステム BTC では暗号通信機能を使わない。例えば、取引の内容を表す Tr 自体も暗号化しないので、誰もが自由に Tr の中味を見ることができる。一方、秘密鍵の保管には通常暗号機能を使う。万が一秘密鍵が他人に知られた場合、その時点で所有している全通貨 BTC がその鍵を用いて使うことが可能となるので、秘密鍵は漏れたり盗られたりすることがないように厳重に保管する必要がある。もし秘密鍵を紛失した場合、それに対応する公開鍵や BA から秘密鍵を復元することができないため、その時点でシステム BTC に存在していた通貨を誰も使うことができなくなってしまう。したがって、秘密鍵は漏洩や盗難を防いで安全に保管する必要があるだけでなく、さらに紛失対策のためバックアップを取っておくことが必須である。

　一般に、バックアップによって紛失の危険性は減るが秘密に保つことは困難になる。この問題を解決するため『暗号化秘密鍵』がある。これは秘密鍵やそのバックアップを保管するときに暗号化しておくもので、その暗号化や復号に必要な鍵情報をここではパスフレーズと呼ぶ（パスワードのパスワードなど、他の呼び名もある）。暗号化秘密鍵は、バックアップ以外にウオレット間での秘密鍵の安全な受け渡しにも使える。なお、公開鍵は秘密鍵から生成することができるので、

秘密鍵を保管しておけば公開鍵を保管しておく必要はないが、現実には両鍵を保管しているウオレットが多いようである。

第4章

....

トランザクションと
その共有

4.1 トランザクションの基本

トランザクション（Tr：transaction）は、システム BTC の目的である取引の内容を表し、BTC の中核を占めるデータである。BTC は複雑で多くの機能を持つが、それらは Tr の作成・ネットワーク周知・検証および Tr を含むブロックの作成・ブロックチェーン（BC）への組み込み・承認とその確定など、基本的に Tr の処理のためにある。BTC における取引は、いずれもユーザである支払者と受領者による当事者間で行う。つまり、客観性を持った第三者が立ち会ったり保障したりすることはない。Tr は支払者が作成して、受領者を含むネットワーク全体に送信する。

取引における支払額は、支払者がそれ以前に行った取引における受領額のうちの未使用分から賄う。賄いきれない額の支払いは許されず借金はできないため、支払額以上の財源がない場合は取引ができない。このため、Tr には支払額と支払先（受領者）の情報に加え、過去にこの支払者が受領しまだ使用していない受領額を含む取引を参照する情報を含めることによって、未使用受領額を今回の支

払いに充てることを明示する。

　ここで、過去の受領額の正当な受領者が間違いなくこの取引の支払者である必要がある。その確認のための技術は、3.3 節で説明した公開鍵暗号方式の応用による（デジタル）署名である。つまり、Tr で指定した受領者が将来その受領額を使用するとき、正当な受領者だけが持つ秘密鍵を用いて署名を行う。署名を検査することによって正当な秘密鍵を用いたことを確認できるので、もし検査の結果署名に正しい秘密鍵を用いていないと判定された場合その Tr は廃棄され無効となる。したがって、取引の受領額は正当な受領者だけが使用できることになる。また、署名は支払者が支払いを後刻否認できないようにすること、および支払者が持つ財源の残額がこの Tr の支払額分だけ減額されることを保証する。

4.2　トランザクションの役割

4.2.1　トランザクションの全体構成

　2.2 節では、Tr の具体的なイメージを把握するため主要部分について一例を説明した。本節では一般的な構成を詳細に説明する。図 4.1 に Tr の全体構成と過去の Tr の参照法を示す。2.2 節で述べた通り、Tr は取引で使う財源を表す input 部と取引での支払いを表す output 部とから主に構成される。

　Tr の output 部には個々の支払いを示す output が 1 個以上含まれており、各 output には支払額（取引相手の立場では受領額）と受領者を限定するためのロック解除条件が含まれる。前者の支払額の単位は satoshi で、1 satoshi $= 10^{-8}$ BTC である。後者の受領者限定用ロック解除条件は通常受領者の BA であり、この BA（の作成に用いた公開鍵）に対応する秘密鍵を適用して署名しない限りその output の支払額を使用することができない。ロック解除条件を BA の代わりに公開鍵によって指定することも可能であり、実際にはいずれの場合もプログラムと同様なスクリプトで記述する。ロック解除条件は 4.2.3 項で詳しく説明する。

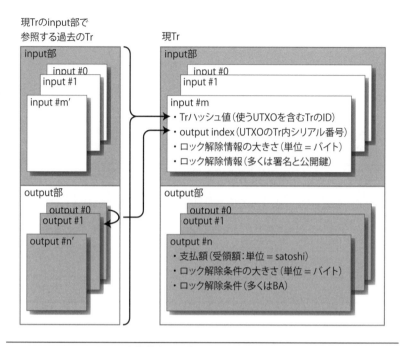

図4.1●Trの全体構成と過去のTr output（UTXO）の参照

　Tr の input 部には 1 個以上の input が含まれており、各 input は過去に受領し
たがまだ使用していない output を参照する情報（ポインタ）と、この output の
ロックを解除して正当なユーザが使うことを証明するロック解除情報が含まれ
る。未使用の output を UTXO（Unspent Transaction Output）と呼ぶ。つまり、
新たに Tr が作成され承認されると、その Tr に含まれる output は UTXO となる。
UTXO を参照する情報には、その UTXO を含む Tr をユニークに指定するための
Tr のハッシュ値と、その Tr の中に含まれる一つの output をユニークに指定す
るための Tr 内シリアル番号がある。Tr のハッシュ値は Tr ID とも呼ばれ、暗号
的ハッシュ関数 SHA256 を Tr に 2 回適用（Double-SHA256）した結果である。
UTXO が Tr の input で参照されると使用されたことになり UTXO でなくなる。
　通常のロック解除情報は、UTXO 内のロック解除条件に指定された BA に対応
する秘密鍵を使った署名および公開鍵である。ロック解除の確認では、この公開

鍵のハッシュ値を計算しロック解除条件の BA に一致すること、および、この署名に公開鍵を適用した結果と Tr を比較し一致することを検査する。前者の検査によって、公開鍵と BA が対応していることを確認する。後者の検査によって、公開鍵に対応する秘密鍵を持つ所有者が署名したことを確認する。両確認によって、ロック解除条件に指定された BA に対応する秘密鍵を持つ正当な所有者が間違いなくこの UTXO を使うこと、つまり、署名が正当であることを検証できる。

　UTXO は、受領したが現金に換えたりしてまだ使用していない小切手のようなものであり、その正当な所有者のみが使用できる。実際、UTXO は全ノードが保管している BC に記録されており所有者の資産を表すもので、以降の取引で利用が可能である。一般に、各ユーザの BTC 資産は UTXO として BC の中のいくつかのブロックにバラバラに記録されている。バラバラでまとまっていない理由は、ユーザが通貨 BTC を受領する際は必ず Tr 内の output として受け取り、そのような Tr は一般にランダムに作成された後ネットワーク周知による受信順序に従って他のいくつかの Tr と合わせてブロックにまとめられて BC 内に保管されるからである。言い換えると、銀行口座の通帳のように BA ごとに残高が記録されているわけではない。ただし、BTC ソフトウェアの中のウオレットによって、BC 内にある特定 BA あての UTXO をすべて検索して集計し、残高を常時維持することが可能である。ユーザは、取引の支払時には合計額が支払総額以上の UTXO を選んで各 UTXO を参照する input を作成し input 部に含めるとともに、取引による支払い相手 BA ごとに output を作成し output 部に含める。

　一つの UTXO の受領額の一部をある Tr での支払いに使い、残りを別の Tr での支払いに使うことはできない。つまり、二つ以上の Tr にまたがる複数の input が同一の UTXO を参照して使うことはできない。例えば、受領額が 10 BTC の UTXO を使って 1 BTC と 2 BTC を異なる BA に支払うときは、手数料を除き、1 BTC を支払う output と 2 BTC を支払う output および残りの 7 BTC を自分あてのお釣りとして支払う output の計 3 個の output を含む一つの Tr を作成する必要がある。また、5 BTC を支払う場合に 5 BTC 以上の受領額を持つ UTXO がなかった場合は、例えば受領額が 3 BTC と 4 BTC の 2 つの UTXO のように、合計額が 5 BTC 以上となる複数個の UTXO を同時に使用して支払うことになる。この場合、

input 部には受領額が 3 BTC と 4 BTC の 2 つの UTXO をそれぞれ参照する 2 つの input が含まれ、output 部には支払額が 5 BTC の output とお釣り 2 BTC の自分あて output が含まれる。

Tr によって使用（消費）された UTXO は transaction input と呼ばれ、Tr によって新たに作成された UTXO は transaction output と呼ばれることがある。このように、Tr によって UTXO の消費と生成が行われ、通貨 BTC の所有者が変わっていく。

Tr は原則として input 部と output 部とから構成されるが、例外として coinbase Tr がある。これは、Tr をいくつかまとめてブロックとしブロックに対する暗号パズルを最初に解いたマイナーが得る報酬を表す特別な Tr で、過去の UTXO を参照することはない。詳細は 5.4 節で説明する。

4.2.2　トランザクション処理手数料

第 2 章で説明した通り、作成した Tr が有効であるためにはネットワーク内で『承認』を得る必要があり、それにはマイナーによるマイニング処理が必要で、マイナーにその対価として手数料を支払う。この手数料はマイナーによる『承認』手続きの動機づけになる他、無駄な（スパム）Tr の生成・増大を抑制する効果も持つ。Tr 手数料の額はシステム BTC の運用開始以来変遷があり、当初は一定値であったが、現在は取引金額に依存せず Tr のデータサイズにのみ依存し、次式に従って計算される。なお、Tr 手数料は必須というわけではない。また、今後さらに変化していく可能性もある。

手数料 = 0.1 mBTC/KB（1 mBTC = 10^{-3} BTC）

マイナーは Tr の『承認』手続きのため Tr を複数個含むブロックを作成するが、その際にどの Tr を含めるかについてはマイナーの裁量が一部ある。一般にマイナーはより多くの額の手数料を得るため、手数料の大きな Tr を優先してブロックに含める傾向にあり、手数料の大きな Tr ほど早く『承認』される傾向がある。

手数料のない Tr は手続きが遅くなる可能性があり、手数料が 0 でない Tr が増え続いたりすると承認が大幅に遅れることもあり得る。

すでに説明した Tr の構成からも分かるように、Tr に手数料を示す場所はなく、手数料を陽に示す代わりに手数料の額は input 部の受領額の総和から output 部の支払額の総和を減じた結果の値とする。Tr をマニュアルで作成する場合、計算ミスを犯して思わぬ多額の手数料を支払ってしまう可能性があるので要注意であり、必要に応じてお釣りに相当する自分あて支払い output を追加することを忘れてはならない。

4.2.3　トランザクションのロックとその解除

前項で述べた通り、Tr を作成するとき各 output に指定される支払額が正当な受領者以外のユーザに使われることを防ぐため、output をロックし支払額が使用可能となるためのロック解除条件をスクリプト形式で指定する。ロック解除条件を満たすロック解除情報を input に含めることによって正当なユーザのみがその input が参照する output（UTXO）の支払額を使用可能になるが、ロック解除情報もスクリプト形式で記述する。

スクリプトは簡単なプログラムと言えるもので、これによって受領者の指定の仕方が柔軟になる。現在の銀行システムにおいて小切手が銀行口座への支払いだけでなく現金による引き出しなども可能で、スクリプトはこのような柔軟さに類似した機能を持つと考えられる。上述の通り、スクリプトには 2 種類があり、一つは output で記載されるロック解除条件（lock script）で、通常支払先（受領者）を示す BA であることが多く、scriptPubKey と呼ばれる。BA は公開鍵のハッシュ値であるから、本来は scriptPubKeyHash と呼ぶべきであるが、伝統的に scriptPubKey と呼んでいる。もう一つは、UTXO を使用するためそれを参照する input に記載されるロック解除情報（unlock script）で、通常支払先本人であることを示す署名と公開鍵を含んでおり、scriptSig と呼ばれる。

スクリプトを記述する言語は一種のプログラミング言語であるが、コンピュータ科学分野でよく知られているスタック（stack）という単純なデータ構造を

ベースとする逆ポーランド記法のスタックベース言語である。この言語はチューリング不完全であり一般のプログラミング言語ほど多種多様な記述はできないが、非常に単純でロック解除条件やロック解除情報の記述には十分で安全性が高いという特徴がある。例えば if 文や loop 文による分岐処理は記述できない。このため無限に続く処理は記述できず、各ノードでスクリプトを実行する際、その CPU などのリソースを無駄に無限消費させるサービス妨害（DOS：Denial of Service）攻撃は簡単には実現できない。また、スクリプトの処理は過去の情報を必要としない stateless であり、処理の対象となる scriptSig と scriptPubKey の情報のみからロックの解除の正当性を判定可能である。つまり、各ノードでは、Tr に含まれる各 input の scriptSig と input によって参照されている UTXO の scriptPubKey を連続して実行することによって、ロック解除の正当性（Tr の有効性）を検査する。

　これらのスクリプトには表 4.1 に示す通り様々な形式があるが、スクリプトによって言えば『支払い条件をプログラム可能な小切手』が実現できている。スクリプトの実際の処理の仕方はやや詳細になるが、具体例が付録 A に含まれているので、必要に応じて参照されたい。

表4.1 ●スクリプトの形式

形式名（略称）	用途
pay-to-public-key-hash（P2PKH）	公開鍵のハッシュ値（BA）を指定し、それに対応した秘密鍵を用いた署名と公開鍵によって解除するスクリプト。（最も広く使われている。）
pay-to-public-key（P2PK）	公開鍵を指定し、それに対応した秘密鍵を用いた署名によって解除するスクリプト。（520 ビットの公開鍵は 160 ビットの BA よりも長いので通常は使われないが、coinbase Tr で使われることがある。）
multi-signature（q-of-p）	あらかじめ登録された p 個の公開鍵のうち q 個以上に対応する署名によって解除するスクリプト。（例えば、p 名から構成される組織への支払いで、その組織に所属する任意の q 名のメンバが了解すれば受領額を使用可能な場合に応用できる。特に、q = 1, p = 2 の場合は、代理のユーザでも受領額を使用できる。）

形式名（略称）	用途
pay-to-script-hash （P2SH）	q-of-p による複数の署名処理の複雑さと Tr データの肥大化を回避するため、Tr の複雑さの負担を支払者から受領者に移す（詳細は省略）スクリプト [6]。

4.3 ネットワークとネットワーク周知

　システム BTC を構成するノードは基本的にすべて同等であり、特別な機能を持つノードは存在しない。つまり、BTC は豊富で複雑な機能を全ノードで分担している負荷分散 P2P 型であり、階層的な構成を持たないフラットな構造でもある。集中的な機能を持つサーバが存在しないので、現在広く採用されているサーバ・クライアント型システムと本質的に異なる。P2P 型システムの特徴は、一部のノードが障害になっても全体として機能する可能性が大きいため障害に強く、一部のノードが不正侵入されてもやはり全体としては正しく機能し続ける可能性が大きいので安全性が高いという点にある。また、BTC では参加に特別な資格や条件がなく、いったん参加した後に離脱したり切断したりすることも自由で、関連する情報を含めてオープンな運用と情報開示がなされている。

　なお、P2P 型システムは BTC で最初に採用されたわけではない。20 世紀に多くのファイル共有（ファイル交換とも呼ぶ）ソフトウェアが開発され実用されてきたが、その多くは P2P 型である。例を挙げると、Winny, Napster, Gnutella, WinMX, Bittorrent などがある [8]。

　BTC に係わる Tr やブロックなどの情報は、ノードを結ぶネットワークを通してやりとりされる。ネットワークは物理的には光ファイバ・同軸ケーブル・銅線・携帯電話用無線・WiFi 無線・Bluetooth 無線などの様々な伝送媒体（transmission media）によって実現され、このような伝送媒体が持つ安定性・信頼性・性能などの諸特性は多様である。BTC はネットワークとしてインターネットを想定しており、伝送速度・伝送誤り・伝送遅延時間・信頼度など性能や品質に関して特

段の条件はない。したがって、Trやブロックなどの情報が一部のノードに届かなかったり、受信順序が送信順序と異なったりしても構わない。大雑把に言えば、まあまあ使えるネットワークであればBTCで利用することができる。

　Trやブロックは作成後ネットワークに周知され、基本的には全ノードが迅速に（数秒程度で）受信する。Trのネットワーク周知手順を具体的に説明すると次の通りである。

① Trを作成した支払いユーザが管理するノード（以下、支払ノードと呼ぶ）は、数個の隣接ノードにTrを送信する。各隣接ノードが特に信用できるという必要はない。一部が信用できず、あるいは障害によって②以下の処理を実施しなくても残りのノードが実施することによって、全体として適切な動作が行われていく。

② Trを受信したノードは、過去に受信したTrと同一であれば直ちに破棄する。同一でない場合、そのTrが正当で有効であることを検証する。不正などが見つかり無効と判定したTrは破棄し、支払ノードにその旨のメッセージを返信して終了する。このように、隣接ノードがTrを改ざんしたりして無効なTrを受信しても特に構うことなく、受信したTrについて所定の動作を行う。

③ Trを受信したノードは、Trを検証した結果有効と判断した場合はそのTrを自ノードに蓄積し、自ノードが持つ隣接ノードにTrを送信（中継）する。

④ 中継されたTrを受信したノードは、②と③を実行する。

　この手順から分かるように、各ノードは常時数個の隣接ノードの宛先情報（インターネットのIPアドレス）を持っており、必要があれば隣接ノードと情報の送受信が直ちに可能となっている。隣接ノードの宛先情報は、3.2節で述べた通り、ノードが初期起動されたときにランダムに選択して得られる。BTCネットワークは隣接ノードによって論理的に接続されたメッシュ状のネットワークとなっており、そのトポロジーは固定でなく、例えば隣接ノード数が一定値を下回った時など必要に応じて動的に変遷していく。このようなネットワーク周知の

原理的な説明図を図 4.2 に示す。

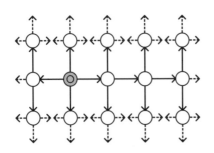

ネットワーク周知
する情報を発出する
ノード

ネットワーク周知
する情報を受信し
中継するノード

**図4.2●ネットワーク周知の原理（ネットワーク周知される情報は、発信源のノードか
ら隣接ノードに送信された後、隣接ノードが受信と中継を繰り返すことによって、最終
的に全ノードに伝わる）**

　支払ノードで作成された Tr がネットワークを通して全ノードに送信されるこ
のようなネットワーク周知は、ネットワークの障害やネットワークに対する攻撃
に強い『ネットワーク内全ノードへの同一情報の送信方法』として広く採用され
ている。ネットワーク周知は放送（broadcast）、フラディング（flooding）など
とも呼ばれ、現在ではインターネットおよびインターネットを利用する各種サー
ビスの基本動作の一つとなっている [4]。しかし、これを悪用するとネットワー
ク内で送受信される情報が爆発的に増え、ネットワークを麻痺させることにもな
り得る。この問題を避けるため、システム BTC では正当性が検証できた有効な
Tr やブロックだけをネットワーク周知する。

　ここで注意すべき点として、Tr のオープン性がある。つまり、Tr 内の情報は
暗号化されていないので、受信したノードは Tr 内の情報をすべて取り込み全取
引内容を把握することができる。ただし、Tr に関わるユーザの本名は不明で、
基本的には支払者 BA、受領者 BA および支払額が分かるだけである。これらが
機密扱いとなっていないことは、ネットワークとして特に大きな条件を設けてお
らず、盗聴や少々の障害があって不達が生じても構わないという前提とマッチし
ている。例えば、電波状況がよくないため情報が届かない可能性がある無線ネッ
トワークや、必ずしも安全と言えず盗聴が行われ得る伝送路があっても構わな

い。そのため、先述した通り、ほぼすべての伝送路がシステム BTC のネットワークに利用可能である。

4.4　トランザクションの検証

　Tr を受信したノードは、受信 Tr が正当であれば隣接ノードに中継するとともに、以降の処理のため自ノードに取り込み、Tr およびそれに含まれる output を表 4.2 に示す 3 種類のメモリプールに保管する。

表4.2●Trとoutputを保管するメモリプール

メモリプールの名称	説明
未処理 Tr 保管メモリプール（Tr プールとも呼ぶ）	まだブロックにまとめられていない未処理 Tr を一時的に保管するメモリプールである。このメモリプール内の Tr は基本的には検証が未完了である。
孤児 Tr プール（orphan プールとも呼ぶ）	受信した Tr が持つ 1 個以上の input が参照する output を含む Tr を一つでも受信していない場合、受信した Tr を孤児（orphan）と呼び、孤児 Tr を一時的に保管するメモリプールを孤児 Tr プール（orphan プール）と呼ぶ。孤児 Tr はいずれも検証が未完了である。一般にノードが新たに Tr を受信すると、その中の output が孤児 Tr の input の参照先でないかチェックし、もし孤児 Tr に含まれる input が参照する全 output を含む Tr をすべて受信した場合、孤児 Tr は孤児でなくなり Tr プールに移される。
UTXO プール（このプールはオプションで、UTXO セットとも呼ぶ）	BC に連結され承認が確定した（ブロックに含まれる）Tr の output のうち、未使用の output である UTXO をすべて集めて保管するメモリプールである。UTXO プール内の UTXO はすべて検証済である。 UTXO プールは、ブロックの承認が確定したときそのブロックに含まれる各 Tr の全 output を追加し、逆に受信した Tr で使用される UTXO をすべて削除することによって維持更新する。

　これら 3 個のプールのうち、一般に Tr プールと orphan プールに含まれる Tr

は個々のノードの受信状況に応じてある程度異なり得るが、UTXO プール内の UTXO はシステム BTC として合意された結果に基づいているので各ノードで基本的には共通である。

　正当な Tr が満たすべき主要条件は 2.3 節で説明したが、再掲すると、①財源額条件、②財源所有者条件、③支払否認防止条件、および④多重使用防止条件である。以上の他にも受信した Tr が満たすべき条件があり、以下では Tr の構成情報を参照することによって条件全体を具体的に論じる。説明を分かりやすくするため、条件の検査の対象となる Tr を当該 Tr と呼ぶ。

形式的な正しさ

　当該 Tr のフォーマット（データ構成）が正しく、当該 Tr のデータサイズが所定の値の範囲内にあるか検査する。さらに当該 Tr の input も output も空でなく、input の総額と output の総額がともに 0 より大きく一定値以下であるか検査する。

同一 Tr の重複処理の回避

　当該 Tr が、過去に受領したがまだブロックに含まれていない未処理 Tr のいずれかと一致していないか検査する。一致していた場合は重複処理を回避するため当該 Tr を廃棄する。この検査の効率化を図るため、未処理 Tr を Tr プールに集中して保管している。

財源額条件と多重使用防止条件

　当該 Tr が財源額条件を満たしているか否かを判定するためには、当該 Tr に含まれる各 input が参照する未使用 output（UTXO）を検索してその受領額の総和を計算するとともに、当該 Tr に含まれる output の支払額の総和を計算して比較すればよい。4.2 節で述べた通り、input には UTXO を参照するための情報として、Tr ID となる Tr ハッシュ値と Tr 内 UTXO のシリアル番号を示す output index が含まれており、Tr ハッシュ値をキーとしてその UTXO を含む Tr を検索し、さらに output index を用いてその Tr の中から UTXO を検索する。

　このように検索しても UTXO が見つからない可能性がある。その理由は、当

該 Tr が正当であった場合でもネットワークにおける伝送の状況によって、当該 Tr の input が参照する UTXO を持つ Tr を含むブロックの到着が遅れたり、ブロックが到着していてもそれに連結される子孫ブロックが少ないため承認が確定できない可能性があるからである。このように当該 Tr を受信したもののその input が参照する UTXO を持つ Tr が見つからない場合は当該 Tr を orphan プールに一時的に保管し、参照する UTXO を含む Tr の受信を一定時間だけ待つ。一定時間経過しても期待する Tr を受信しない場合、当該 Tr を正当でないと判定する。

　以上の説明から理解できるように、この検査によって input が参照する output が正当な UTXO であるか否かについても確認できる。つまり、過去の output で得た受領額をすでに使用済みであるのにもかかわらず多重使用しようとしている場合、その output に対応する UTXO が UTXO プールに存在していないので多重使用を容易に検出できる。この検査では UTXO プールに全 UTXO が漏れなく保管されていることが必要であり、かつ、全ノードに共通である必要がある。これらの必要条件は各ノードで保管している BC が共通であることによって満たされるが、BC の共通化が合意形成によって実現されることについては 5.7 節で詳しく説明する。

財源所有者条件と支払否認防止条件

　すでに述べた通り、Tr に含まれる output はロックされ、ロックを解除し使用できるためのロック解除条件が設定されている。ロックと解除には暗号技術が応用されている。ロック解除条件は通常受領者の BA であるため、当該 Tr に含まれる各 input が参照する UTXO の受領者 BA が当該 Tr の支払者（P とする）のものであることを検査する必要がある。この検査には各 input が持つロック解除情報の署名と公開鍵を使用する。署名は、対応する UTXO を含む過去の Tr にあらかじめ定めた暗号的ハッシュ関数を適用した結果に支払者 P が持つ秘密鍵を使って処理した結果であり、公開鍵は P のものである。そこで、署名に公開鍵を適用して処理した結果と、UTXO を含む過去 Tr に対し同じハッシュ関数を適用した結果とを比較する。比較結果が一致すれば、その公開鍵に対応する秘密

鍵を持つ正当なユーザ P 本人が過去 Tr のハッシュ値に署名したことを検証でき
る。さらに、公開鍵にハッシュ関数を 2 回適用して BA に一致することを検査し、
BA と公開鍵が対応しており署名者 P が UTXO の正当な受領者であることを確認
する。両一致を確認できると、公開鍵暗号方式の応用によって、ロック解除条件
の BA に対応する正当なユーザ P が UTXO を使用することを検証でき、ロック解
除条件と財源所有者条件の成立を確認できる。なお、この確認は当該 Tr が改ざ
んされていないことの検証にもなっている。

　このような正当な署名を作成できるためには BA に対応する秘密鍵を所有して
いる必要があり、他のユーザには不可能である。つまり、署名によって UTXO
で指定された受領者 P がその UTXO の受領額を使用したことは否認できないこ
とになり、これによって支払否認防止条件を満たせる。

　以上の Tr 検証を整理した結果を表 4.3 に示すが、実際の検証項目はセキュリ
ティ対策の観点から今後追加変更される可能性がある。

表4.3●Trの検証項目

検証項目	検証方法
形式的な正しさ	Tr のフォーマット（データ構造）、input と output の個数と金額の検査。
Tr の重複処理の回避	Tr プールでの未処理 Tr の集中管理と、受信 Tr と各未処理 Tr との一致の検査。
財源額条件と多重使用防止条件	input 総額が output 総額以上であることの検査。 多重使用防止には第 5 章のブロック検証が必須。
財源所有者条件と支払否認防止条件	UTXO のロック解除条件（通常 BA）と input のロック解除情報（通常署名と公開鍵）の整合性の検査。

第5章

マイニングと合意形成

5.1 マイニングの基本動作

　第2章でマイニングの概要を述べたが、各マイナーの動作として整理すると次の通りである。

① まだ BC に含まれていない未処理 Tr を Tr プールから取り出して仮ブロックにまとめ、仮ブロックを対象として暗号パズル解きを開始する。

② 暗号パズルが解けたら、ブロックを完成して全ノードへの周知を開始するとともにブロックを BC に連結することによって BC を更新して①に戻る。

③ 暗号パズルを解き終える前に他ノードからブロックを受信したら、その正当性を検査する。正当でなければ受信ブロックを廃棄して暗号パズル解きを継続し②に戻る。受信ブロックが正当であれば暗号パズル解きを中止して仮ブロックに含まれていた Tr を Tr プールに戻し、受信ブロックを BC に連結することによって BC を更新するとともに隣接ノードに送信し、連結したブロックに含まれる Tr を未処理 Tr プールから削除して①に戻る。

なお、各マイナーは Tr を受信すると、正当な Tr のみを隣接ノードに送信するとともに Tr プールに保管するという動作を常に繰り返し行う。

各ノードにおいて BC に連結されたブロックは（仮）承認され、それ以降さらに子孫として鎖状に一定数のブロックが連結されると承認が確定する。ブロックの承認と承認確定は、そのブロックに含まれる全 Tr の承認と承認確定を意味する。承認が確定した Tr に記載された全取引は成立したことになり、成立した各取引に含まれる受領額は、以降の取引での支払いに安全に使用できる。このように承認が確定したブロックとその中に含まれるすべての Tr は、永続的に各ノードの BC に保管され取り消すことはできない。

マイナーがマイニングを終了するタイミングは次の 2 通りある。すなわち、(i) マイナー自身が暗号パズルを解き終えて、完成したブロックの他ノードへの周知を開始するとともに完成ブロックを自ノードの BC に連結した時点、および、(ii) 他ノードからブロックを受信し、それが正当であることを確認し自ノードの BC に連結した時点である。(i) の場合は自ノードがマイニング競争に勝ったことを意味し、(ii) の場合は他ノードがマイニング競争に勝ったことを意味する。これらのマイニング終了時点は、次のブロックを生成するためのマイニングを新たに開始するタイミングでもある。

しかし、暗号パズルを解き終えて完成したブロックをネットワークに周知し始めた直後に他のノードから正当なブロックを受信した場合は、複数個のブロックを BC 内の同一ブロックに連結することになる。このため、マイニング競争の勝敗がすぐに判定できず特別な処理が必要となる。

本章の以降の節で、これらブロックの作成から確定するまでの BC の更新と合意形成について詳しく説明する。

5.2 ブロックの構成とブロックチェーン

いくつかの Tr をまとめたものとこれまで説明してきたブロックは、図 5.1 に示す通り、ヘッダ（header）とボディ（body）から構成される。ヘッダの大きさは固定長の 80 バイトで、暗号パズルに関する情報に加えブロックの性質や処理の仕方を表す情報を含む。ボディは Tr のリストで大きさは可変長である。各 Tr の大きさは含まれる input や output に依存するため可変長で、ブロックに含まれる Tr の個数も可変である。多くのブロックには 500 個程度の Tr が含まれ、Tr のサイズは上限の 1 MB に近く、サイズの観点からは Tr がブロックの大半を占める。

ヘッダには、その版（version）以外に、親ブロック（正確には、そのヘッダ）のハッシュ値（previous block hash）、ボディに含まれる全 Tr のハッシュ値（正確にはマークルルート：Merkle root）、ブロックの作成を開始した時刻（timestamp）、暗号パズルの難度を表すパラメータの値（(difficulty) target）、および暗号パズルの解（nonce）が含まれる。ブロックがヘッダとボディから構成される理由や意義については、親ブロックのハッシュ値とマークルルートが持つ相互に補完的な役割を含めて 7.3 節で総合的に説明する。

一方、2.4 節で述べた通り、システム BTC では暗号パズルを最も早く解くマイナーの所要時間が約 10 分となるように暗号パズルの難度を自動調整しており、target はそのために調整されたパラメータの値である。マイナーが解く暗号パズルは、ブロックのヘッダ全体のハッシュ値が target 以下という条件を満たす nonce の値を見出すことである。マイナーは暗号パズルを解くにあたり、nonce の値を例えば 0 に初期設定してヘッダのハッシュ値を計算し条件を満たすか検査する。通常は nonce が初期値 0 で条件を満たすことはなく、nonce の値を別の値に変更して条件を満たすか、さらに検査する。条件を満たしていれば、そのときの nonce が暗号パズルの解（PoW）となりブロックが完成する。条件を満たしていなければ、このような nonce の値の更新と条件充足性の検査を繰り返すことによって最終的に暗号パズルを解く。target と nonce の詳細については 5.6

節で説明する。

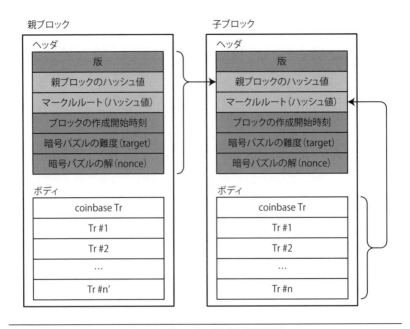

図5.1●ブロックの構成と親子関係

　ブロックのボディに含まれる Tr には、通常の取引を表す Tr に加え、ブロックを作成したマイナーが受領する報酬を表す coinbase Tr が先頭にある。第 2 章で述べた通り、報酬には新規発行通貨だけでなく各 Tr の手数料の合計値が加わる。新規発行通貨の額については 5.4 節で説明する。

　2.4 節で述べた通り、ブロック間には親子関係があり、図 5.1 から分かるように、親子関係は親ブロックのヘッダの要約であるハッシュ値を子ブロックがそのヘッダに持つことによって形成される。このハッシュ値は暗号的ハッシュ関数 SHA256 を 2 回連続して適用して得られた結果で、その大きさは 32 バイトである。後述する通り、このハッシュ値はブロックの識別子としても使われる。

　最初のブロックは、Satoshi Nakamoto 氏によって 2009 年 1 月に作成された始祖ブロック（genesis block）で、この始祖ブロックを除き、すべてのブロック

は唯一の親ブロックを必ず持つ。したがって、マイナーが新たにブロックを作成する場合、BC に含まれるブロックのうち最新のブロックを親ブロックに選び、新ブロックがその子ブロックとなるように、BC 内の最新ブロックのヘッダのハッシュ値を計算して新ブロックのヘッダに含める。ブロックは親子関係に基づき論理的なリンクで連結できる。この結果、ブロック間親子関係のリンクを始祖ブロックから順次たどることによって、すべてのブロックに到達できる。

　一時的ではあるが、BC において親ブロックは複数の子ブロックを持ち、図 5.2 に示すように、親子関係を表す論理的なリンクが枝分かれ（分岐：fork）することがある。例えば、一つの親ブロックに対して複数のマイナーがほぼ同時に暗号パズルを解き終えて子ブロックを完成し、各マイナーがそれぞれの子ブロックをネットワークに周知した場合、別のノードがこれら複数の子ノードをほぼ同時に受信して共通の親ブロックに連結すると、その時点で BC における親子関係のリンクが分岐することになる。その後さらに別のブロックが到着し続けると、複数の子ブロックのいずれかにブロックが連結されていくが、2.4 節でも述べた通り、通常その連結数は一方だけに偏る。分岐後の子ブロックに一定数（例えば 5）のブロックがさらに連結されると、その分岐後子ブロックの承認が確定する。結果的に分岐後の複数のブロック列のうち、連結ブロック数が多く承認が確定した分岐後ブロック列だけが残り、他の分岐後ブロック列はすべて削除される。ここで、便宜上『ブロック列』には 2 個以上のブロックの連結だけでなく、1 個のブロックをも含めることとする。つまり、通常はしばらくすると（1 時間程度で）分岐した親ブロックが持つ複数の子ブロック列のうち一つだけが残って他の子ブロック列が削除（枝刈り）され、リンクの連結は 1 本の鎖状に伸びていくこととなる。これが、各ノードで保管されている全ブロックの集合がブロックチェーンと呼ばれる所以である。なお、削除される子ブロック列は、実際には通常 1 個のブロックである。このような BC における分岐と分岐後のブロック列の削除については 5.7 節で詳しく説明する。

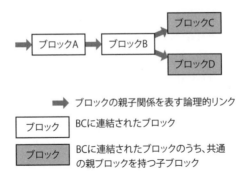

→ ブロックの親子関係を表す論理的リンク

ブロック BCに連結されたブロック

ブロック BCに連結されたブロックのうち、共通
の親ブロックを持つ子ブロック

図5.2●BCにおける分岐の例（ブロック間の親子関係を表す論理的リンクがブロックB
で分岐し2個の子ブロックCとDが連結されている。）

　任意のブロックから親ブロックを経て先祖ブロックを順次たどっていくと、必
ず最終的に始祖ブロックに行き着く。始祖ブロックを床に置いて、子ブロックを
その上に置き、孫ブロックを子ブロックの上に置くという動作を繰り返していく
と、ブロックがタワー状に積み重なっていく。その段数を高さ（height）または
ブロック高(block height)と呼ぶ。最も下に位置する始祖ブロックの高さは 0 で、
最も新しく連結され最も高いブロックは『top』または『tip』と呼ぶ。

　受信したブロックは原則として BC に連結されるが、理論的には例外がある。
それは、子ブロックが極めて短時間で完成し、親ブロックを受信する前に子ブ
ロックを先に受信した場合である。ブロック作成時間の期待値は約 10 分でかな
り長いため、このような例外は起きるとしても極めて稀である。

　BC 内のブロックは論理的に鎖状にリンクで連結されているが、実装上はフ
ラットな構造、リスト的な構造など様々なデータ構造で実現することができ、実
装方法に制約はない。例えば、Bitcoin Core と呼ばれる BTC ソフトウェアでは
Google 社のデータベース LevelDB を利用している。

　始祖ブロックは Bitcoin Core に含まれている（hard coding）ため、Bitcoin
Core を使用する限り各ノードは正しい始祖ブロックを基に BC を構築していく。
なお、始祖ブロックには 2009 年 1 月 3 日付けタイムズ紙に掲載された『銀行
救済に関するニュース記事』の一部が含まれており、始祖ブロックは 2009 年 1

月3日より前には存在していなかったことを証明している。

　ブロックを識別する情報は2つある。第1の情報は『ブロック高』である。すべてのブロックは結果的に1本の鎖状に連結されるため各ブロックは原則として異なるブロック高を持つが、BCが分岐し枝分かれした場合、同じブロック高を持つブロックが複数個になる。分岐状態は一時的ではあるが何度も生じ得る。このようにブロック高はブロックをユニークに識別するという保証は必ずしもないが、高速に検索する場合に有用であり、ノードのデータベースに保管し活用することができる。

　ブロックを識別する第2の情報はブロックのハッシュ値（block hash）である。すでに述べた通り、ブロックの内容が少しでも異なれば、そのハッシュ値がランダムに大きく異なるため、このようにして得られたブロックのハッシュ値はブロックが異なるとやはり大きく異なり、各ブロックをユニークに識別する用途に使われる。なお、ブロックのハッシュ値は、図5.1から分かるように正確にはブロックヘッダのハッシュ値と言うべきであるが、7.3節で説明する通り、通常は略してブロックハッシュ値と呼ばれている。

　本節を終える前に、BCの構造に関するオリジナリティとその効果や意義について説明する。

　親ブロックのヘッダのハッシュ値を子ブロックが持つという鎖構造は、形式的には1981年に発表されたHashchain[9]の変形と解釈できる。Hashchainは、ワンタイムパスワード（使い捨てパスワード）を次々と作成するための一つの方法で、あるデータからハッシュ値を計算し、さらにその結果からハッシュ値を計算するというハッシュ計算を多数回繰り返す。具体的には、あるデータをdata、ハッシュ関数をHashとし、dataに対してn回Hashを繰り返し適用した結果を$\text{Hash}^{(n)}(\text{data})$とする。一般に、$\text{Hash}^{(n)}(\text{data}) = \text{Hash}(\text{Hash}^{(n-1)}(\text{data}))$であり、このようにハッシュ関数を繰り返し適用することをHashchainと呼ぶ。

　Hashchainの理解を深めるために例を紹介する。サーバにアクセスするクライアントのパスワード認証にHashchainを応用する場合、あらかじめ$\text{Hash}^{(n)}(\text{data})$とハッシュ関数Hashをサーバに保管しておく。クライアントはデータdataとハッシュ関数HashからHashchainを作成して保管しておき、サーバへの最初の

アクセスでは pwd = $Hash^{(n-1)}$(data) をパスワードとしてサーバに与える。サーバでは、クライアントから受け取ったパスワード pwd に対しハッシュ関数を適用する。その結果の Hash(pwd) が保管していた $Hash^{(n)}$(data) と一致すれば認証が成功したと判定し、$Hash^{(n)}$(data) を捨てて受信済の pwd = $Hash^{(n-1)}$(data) を代わりに保管する。このクライアントが 2 回目にサーバにアクセスするときは、pwd = $Hash^{(n-2)}$(data) をパスワードとして認証を受ける。サーバでは、この pwd に Hash を適用した結果の Hash(pwd) = Hash($Hash^{(n-2)}$(data)) が保管し直した $Hash^{(n-1)}$(data) と一致すれば認証成功と判定する。以下同様な処理の繰り返しによって、アクセスするたびに異なるパスワードを使った認証が可能となる。パスワードが毎回異なるため、たとえサーバへのアクセス時にパスワードが盗聴されても、それを使って次のパスワードを導出することができず、盗聴者がサーバでの認証に成功できないため、安全性が高い。

BTC における鎖状連結 BC では、各ブロックをヘッダとボディから構成しており、親ブロックでなく親ブロックのヘッダのハッシュ値を子ブロックのヘッダに持つので Hashchain と少し異なるが、ハッシュ値によって鎖状に連結するチェーン構造は共通であり原理的に同一と考えられる。しかし、親ブロックのヘッダのハッシュ値に加え自ブロックのボディのハッシュ値（マークルルート）をヘッダに持つことによって、第 7 章で説明するマークル検証が可能となり、これによって効率のよい簡易検証を可能としている点は新しい組み合わせ技術である。第 7 章で述べるが、この効率化はサイズの点から一般にボディがブロックの大部分を占めるという性質を利用したもので工夫が感じられる。

さらに BTC では、この鎖構造が改ざんに強いという特長を活かして、BC を Tr の蓄積保存用データベースにしたうえでその BC を複数のノードで分散管理する方針とした。そして、5.7 節で詳説する通り、途中で変更があり得る不特定多数のノードにおいて管理する BC が基本的には同一となるように、BC に連結すべきブロックやいったん連結した後で不要となって BC から削除すべきブロックを適宜選択して BC を更新する。このような BC の更新によって BC に関する合意形成を達成していくが、この合意形成法は BTC のオリジナルである。その結果、集中サーバを不要にした P2P 型分散処理システムにおいて Tr の多重使用防止が

初めて可能となり、発行や運用に関する管理者と責任者が明確でない仮想通貨の発行および仮想通貨を用いた取引が実現可能になった。

5.3 暗号的ハッシュ関数と暗号パズル

5.3.1 暗号的ハッシュ関数

システム BTC では暗号的ハッシュ関数（cryptographic hash function）を広く活用している。暗号的ハッシュ関数は暗号に係わる応用を前提としており、一般的なハッシュ関数に比べていくつか異なる点がある。

まず、情報処理分野でよく使われるハッシュ関数（hash function）を説明する。ハッシュ関数は、入力データが同じであれば出力データも同じという再現性に加えて次の3特性を持つ関数である。入力データを入力値、出力データを出力値・ハッシュ値（hash value）・要約／ダイジェスト（digest）・デジタル指紋（fingerprint）とも呼ぶ。また、異なる入力値に対するハッシュ値が同一になるとき衝突（collision）すると言う。

① （第1）原像計算困難性（Preimage Resistance）：ハッシュ値から入力値を導出することが困難であること
② 第2原像計算困難性（Second Preimage Resistance）（弱衝突耐性（Weak Collision Resistance）とも呼ぶ）：ある入力値のハッシュ値と同じハッシュ値を持つ別の入力値を元の入力値から導出することが困難であること
③ 衝突困難性（Collision Resistance）（強衝突耐性（Strong Collision Resistance）とも呼ぶ）：同じハッシュ値を持つ2個の入力値を導出することが困難であること

暗号的ハッシュ関数は、これら3特性に加えて次の2特性を持つ関数である。

④ 入力値を少し変更するだけでもハッシュ値が大幅に（ランダムに）変わること

⑤ ハッシュ値が一定の長さであること

　暗号パズルで使用する暗号的ハッシュ関数は、Tr のハッシュ値や BA の作成などでも使用し、出力が 256 ビット（32 バイト）の SHA256 であり、上述の 5 特性を持つ関数として 2001 年に米国の NIST が標準化したものである。

5.3.2　暗号パズルとその解法

　マイニングにおける暗号パズルは、ブロックのヘッダに SHA256 を 2 回連続適用して得られるハッシュ値が (difficulty) target で示された値以下になるという条件を満たすヘッダ内 nonce の値を見つけることで、ここでのハッシュ値は 2 進数として扱ったときの値をいう。ハッシュ関数については、5.3.1 項で述べた通り、出力であるハッシュ値から入力値を推定することは事実上不可能であり、ハッシュ値がある特定の値の範囲に入る入力値は一般に複数個あるものの、範囲が狭いほどその一つを推定することの困難さが増す。

　一方、ハッシュ計算は極めて容易であるうえ再現性があることを考慮すると、暗号パズルを解く簡易な方法は次の通りとなる。

● ヘッダ内 nonce の値の全候補を順次繰り返し発生してヘッダのハッシュ値を計算する。

● ヘッダのハッシュ値が所定の範囲に入っているという条件を満たすか否か検査し、条件を満たした時点での nonce の値を暗号パズルの解とする。

　この方法は簡易だと述べたが、これと原理が本質的に異なり、かつ、効率がより優れている方法は知られていない。入力値となる候補を『順次繰り返し』発生して試すうえで、もっと効率のよい方法があると考える読者がいるかもしれない。しかし、そのような効率のよい方法が見つかっていないハッシュ関数が選ば

れているため、現実的ではない。どのように nonce を変更してもそのたびに得られるハッシュ値はランダムとみなすことができ、高性能なハードウェアによってマイニング競争に挑んでいるのが現状である。

　256 ビットで表される 2 進数の最小値は 0 であり、最大値は $2^{256} - 1$ である。例えば暗号パズルが、256 ビットで構成されるハッシュ値の先頭 1 ビットが 0 となる条件を満たす nonce を見つけることと仮定し、32 ビットの nonce の初期値を 0（nonce を構成する全 32 ビットが 0）として、その後 nonce を 1 ずつ増加させてヘッダのハッシュ値の先頭ビットが 0 となるか否か検査し続けるものとする。ハッシュ値がランダムに生成されるものと仮定すると、ハッシュ値の先頭ビットが 0 であるという条件を満たすハッシュ値の場合数は、全体の場合数 2^{256} の半分、つまり、2^{255} である。入力値をランダムに更新していくという仮定から、ハッシュ値が 2^{255} 未満、言い換えると、ハッシュ値の先頭ビットが 0 となる確率は 0.5 であり、ハッシュ値が条件を満たす nonce の値は容易に得られる。

　条件がより厳しく、ハッシュ値が $2^{(256-n)}$ 未満（n > 1）、つまり、先頭の n ビットがすべて 0 だと仮定すると、nonce をより多くの異なる値に変更して試すことが必要になる。このように、この暗号パズルではパラメータ n の値を変更することによって nonce が満たすべき条件の厳しさを容易に変更することが可能で、n の値が大きいほど条件が厳しくなり、条件を満たす nonce を見つけるために必要なハッシュ計算の回数の期待値は指数関数的に急激に増加する。この条件におけるハッシュ値の閾値が先述した (difficulty) target であり、次項で詳しく説明する。

　すでに述べた通り、ハッシュ値を導出する計算は一般に容易であり、受信ブロックの nonce の正当性を検証するためには、受信したブロックのヘッダのハッシュ値を計算し、これが target より小さいことを検査するだけで済む。この処理は、n の値によらず極めて短時間（ハッシュ計算 1 回分）で実行できる。

　以上の説明から容易に理解できる通り、暗号パズルを解くために必要な計算量は一般に膨大で、計算量が膨大となる暗号パズル解きを各マイナーが実施するためには強い動機付けが必須であり、それが 2.4 節で述べた報酬である。

なお、この暗号パズルは、BTC が発表される前の 1997 年にスパムメール対策技術として提案された Hashcash[10] が基になっていると判断される。当時、メールの作成・送信が極めて容易でスパムメールが増大し問題となっていた。Hashcash は、メールのヘッダに X-Hashcash という名称の新しいフィールドを設け、その最後に nonce を含めることとし、このフィールドのハッシュ値が一定値以下になるという条件を満たす nonce を見つけてメールを送信する方式である。メールサーバでは nonce が条件を満たすか検査し、検査に合格したメールだけ転送する。このような nonce を見つけるためには大量の計算が必要で、大量の計算を行ってまでもわざわざ多量のスパムメールを作り送信することはないと考えスパム対策として提案された。この説明から理解できる通り、暗号パズルは Hashcash と原理が同一である。なお、暗号パズルでは次項に詳説する通り、正解となる nonce の導出に必要な計算量を自動調節する機構を設けることによってブロック生成間隔をほぼ一定に保つという拡張が行われている。

5.3.3 暗号パズルの難度とその調整

暗号パズルの難度を表し、それを解くために必要な（最小）所要計算時間に係わるパラメータ (difficulty) target は指数部 8 ビットと係数部 24 ビットから構成され、実際の target の値は次式によって計算される。

$$\text{target} = 係数 \times 2^{8 \times \{(指数) - 3\}}$$

一般に target の値は 2 のべき乗の倍数であり、2 進数表現で先頭から連続する 0 が多いほど、つまり、target の値が小さいほど、ハッシュ値が target 以下となる nonce を見つけることは困難になり所要計算時間が大きくなる。特に target が 0 で、ハッシュ値の 256 ビットがすべて 0 となる nonce を導出することは現実的に不可能である。

この target の値は、1 ブロックの作成に要する時間の目標値が 10 分となるように自動調整されている。具体的には、各ノードにおいて 2,016 個のブロック

が作成されたことを認識するごとに、直前の 2,016 個のブロックの作成に要した時間（単位:分）を計算して期待値である 20,160 分との比を求め、次の 2,016 個のブロックに対する target を次式で導出する。

$$新\ target = 旧\ target \times \frac{(直近 2,016 ブロックの作成時間)}{20,160}$$

ただし、新 target の値は直前の値に比べて、最小 1/4 倍、最大 4 倍という制限を設けており、極端に大きく変化しないようにしている。この時間調整は、Tr の数や Tr の取引額に依存していないうえ、計算に必要となるコンピュータのコストや消費電力の料金などにも依存しない。新規発行通貨によるマイニング報酬の獲得を目標とするノードが経済性の観点からマイニング競争に参加すべきか否かは、通貨 BTC の価値（例えば、法定通貨との交換レート）を考慮のうえ、マイニング競争に勝った場合に得られる報酬額、競争に勝つ確率、競争を継続するためのコストなどを勘案して判断することになろう。

ブロック作成の時間間隔が平均 10 分となるように調整されている理由は 5.7.2 項で詳しく説明するが、Tr の承認に要する時間と BC における分岐が発生する確率とがトレードオフの関係にあり、そのバランスを考慮して 10 分という値が定められた。

一方、ハッシュ値の計算に要する時間はコンピュータの処理能力に依存するが、よく知られているように技術の発展によってコンピュータの処理能力は急激に増大していく傾向にある。また、BTC に参加するノード数つまりコンピュータ数は増えていく傾向にあり、BTC 全体の総合的な計算処理能力も増大していく傾向にある。この傾向を正確に予測することは困難であるため、BTC では実際のブロック作成に要した時間履歴を基に target を自動的に調整し、ブロック作成時間の期待値を常にほぼ 10 分に維持するための target 自動調整機構が設けられた。

現在研究開発が鋭意進められている量子コンピュータは、既存のスーパーコンピュータよりもはるかに高い処理能力を達成できると言われている。例えば、

最高速のスーパーコンピュータによる計算時間が 10,000 日となる計算を、量子コンピュータでは 3 分 20 秒で計算できたという実証実験がある（グーグル：2019 年 10 月 23 日）。対象とする計算がハッシュ計算ではないため、BTC の暗号パズル解きのための計算時間をこのように大幅に削減できるという意味ではないが、将来大きく削減できる可能性は否定できない。したがって、現在の target 自動調整機構が量子コンピュータを前提としても適切に動作し続けるという保証は得られていない。

nonce の大きさは 4 バイト（32 ビット）で、その値は 2^{32} 通りある。target が比較的大きい当初は問題なく、この 2^{32} 通りの中から正解を見つけることができた。しかし、コンピュータ性能が向上してハッシュ計算処理能力が指数関数的に増大した結果 target 値が小さくなり、2^{32} 通りの nonce からでは正解が得られない可能性が予測されることとなり、2012 年に nonce が拡張された。具体的には、ブロックのボディの最初に含まれる coinbase Tr に最大 100 バイトのデータが入ることを利用し、そのうちの 8 バイトを extra nonce として扱うこととし、結果として nonce を 4 バイト（2^{32} 通りの値）から 12 バイト（2^{96} 通りの値）に拡張した。これによって問題は一応解決したが、これでも不足となった場合は coinbase Tr 内の残りやヘッダにある『ブロック作成開始時刻』の活用が解決案として考えられている。

5.4 新規発行通貨によるマイニング報酬

システム BTC の基盤データは各ノードが持つ共通の BC にあり、参加する全ノードで分散的に管理し更新する。このような処理に伴って CPU、メモリ、電力などのリソースを使い消費するため、その動機付けが必要不可欠である。特にマイニングによるリソース消費量は極めて大きい。BTC では取引ごとに支払う手数料は一般にごく小さな値となっており取引に BTC を使う敷居は低いため、手数料だけでは分散処理の動機付けには不十分で別の報酬が必須である。この別の報酬は、通貨と同様に何らかの価値あるもの、または価値あるものと交換でき

る必要があり、新規に発行される通貨 BTC そのものとなっている。新規に発行される通貨の額については、表 5.1 の方針が定められており、表 5.2 に具体的な値を示す。

表5.1●新規に発行する通貨の額についての方針

●初期値は 50 BTC（= 50 × 100,000,000 satoshi = 50 億 satoshi）とする。
●BC に含まれるブロックが 210,000 個増えるごとに半減する。 （1 ブロックの作成時間が約 10 分であるため、約 4 年ごとに半減する。）
●発行される通貨の総額は 21,000,000 BTC とする。 （例えば、1 BTC = 5,000 USD、1 USD = 100 円と仮定すると総額は約 10 兆円となる。）

表5.2●報酬として新規に発行される通貨の額

時期	新規通貨発行額／ブロック
2009 年 1 月～ 2012 年 11 月	50 BTC
～ 2016 年 7 月	25 BTC
～ 2020 年 5 月	12.5 BTC
～ 2024 年 ? 月	6.25 BTC
……	……
～ 2041 年 ? 月	50/264 BTC
以降	0 BTC

　なお、マイナーが報酬として実際に獲得する新規通貨発行額は表 5.2 の値より小さく設定することが許されている。

　このような新規通貨の発行による報酬はシステム BTC の運用に大きな影響を持つと考えられる。現時点を含め当分の期間報酬の大部分は新規発行通貨分でかなり高額であるため、マイナーによるマイニングはかなり加熱した競争状態が続くと予想される。しかし、表 5.1 と 5.2 によると、通貨 BTC の新規発行による報酬額は減少していき 2041 年頃に新規発行が終了する見込みで、これ以降の報酬は Tr 手数料だけとなる。このような減少によって、合意形成のための各マイナーによるマイニング処理の動機付けは次第に弱くなるので、マイニングが実際

にいつまで続くのかは明らかではないし、コンピュータの処理能力・処理コスト
などに依存することもあり、正確に予想することは容易でない。

5.5 ブロックに含めるトランザクションの選択

　マイナーがマイニングを開始すると、その時点における未処理 Tr 保管メモリ
プール（Tr プール）からいくつかの Tr を選出してブロックを仮作成し暗号パズ
ルを解き始める。他のノードから正当なブロックを受信した場合、マイナーは
マイニングを途中で止め、仮ブロックに含まれていた Tr をすべて Tr プールに戻
すとともに受信ブロックに含まれている Tr を Tr プールからすべて削除しマイ
ニングをやり直す。マイナーが暗号パズルを解きマイニングに成功した場合は、
ブロックを完成して自ノードの BC に連結すると同時にネットワーク内の他の全
ノードに周知した後、新たなマイニングを開始する。

　いずれのマイニングの開始においても最初にすべきことは、新ブロックに含め
るべき Tr を Tr プールから選出することであり、あらかじめ定められたブロック
のデータサイズ上限値（1 MB）内の範囲で、優先度に係わる以下の方針に従っ
て Tr を選出しブロックに含める。

① Tr の第 1 優先度を次式によって計算する。

　　Tr の第 1 優先度 = {Tr 内各 input の (取引額) × (input age) の総和 }
　　　　　　　　　　/ (Tr のデータサイズ)

　ここで取引額の単位は satoshi（10^{-8} BTC）で、input age は参照する
UTXO を含む Tr が BC に連結された後に連結されたブロックの個数であり、
言わば『古さ』を表す。また、データサイズの単位はバイトである。この
式から分かるように、取引額が大きいほど、参照する UTXO が BC に連結
されてからの経過時間が長いほど、また、Tr データサイズが小さいほど第
1 優先度が高くなる。第 1 優先度が 57,600,000 より大きな Tr は高優先度
扱いとなり、ブロックのうち 50 KB は高優先度扱いの Tr のみに使用される。

つまり、高優先度扱いであれば手数料が 0 の Tr でもブロックに含まれる可能性がある。

② ブロックの残りの未使用部分には、手数料が所定の最小値（Tr データサイズ 1 KB 当たり 0.0001 BTC = 0.1mBTC）以上で、

    Tr の第 2 優先度 = (Tr の手数料) / (Tr のデータサイズ)

で計算される第 2 優先度の値が大きい Tr が優先的に組み込まれる。

③ ブロックに未使用部分がさらに残っていれば、手数料が 0 の Tr を組み込むことができる（組み込まなくても構わない）。

第 1 優先度が 57,600,000 となる Tr は、例えば取引額が 1 BTC、input age が 144 ブロック（約 1 日）、データサイズが 250 バイトの Tr である。

以上から分かるように、手数料が 0 の Tr でも古くなれば第 1 優先度が高くなるのでブロックに含まれる可能性が大きくなる。また、Tr がブロックに含まれ BC に連結されて承認される一連の処理をできる限り早く完了させるには手数料を大きくすればよい。一方、もし取引量が増え続けてブロック作成処理が追いつかなくなった場合には、処理されない Tr が残る可能性がある。

ブロックに含めるべき Tr の選出が終わると、そのブロックのボディの最初に特別な Tr である coinbase Tr が追加される。これは generation Tr とも呼ばれ、マイニングに対する報酬を表す。報酬の額はブロック内の全 Tr の手数料と新規発行通貨の額の総和であり、新規発行通貨分の上限値は、5.4 節で述べた通り、過去に作成され BC に連結されたブロック数（原則として最新のブロックの高さに等しい）によって決まる。coinbase Tr の構成は図 4.1 に示した通常の Tr に準じているが、通常の Tr と異なり参照すべき UTXO が存在しないので、図 5.3 に示す通り、UTXO の参照に対応する input 部に特別な値で構成される input を 1 個持つ。coinbase Tr の output 部は 1 個の output を持ち、それはマイナー自身（の BA）に対する報酬の支払いとなる。

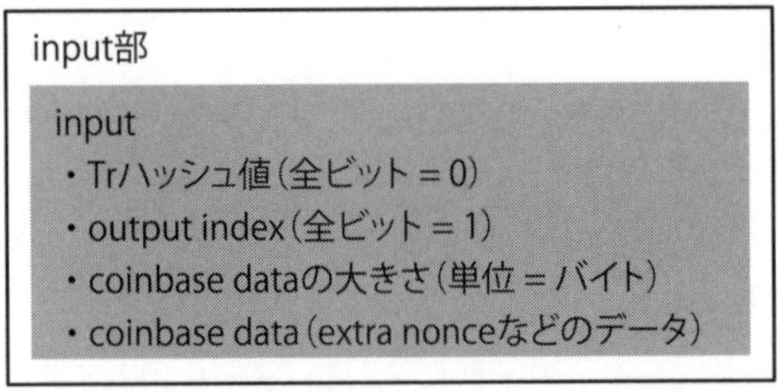

図5.3●coinbase Trのinput部の構成

5.6 ブロックの検証

　5.1 節で述べた通り、ノードが新しいブロックを受信するとそのブロックの正当性を検証する。正当でないと判断したブロックは廃棄し、正当であると判断したブロックはBCに連結すると同時に隣接ノードに転送する。この繰り返しによって、正当なブロックはネットワークの全ノードが受信するまで拡散していく。

　受信したブロックの正当性を検証する具体的な方法は以下の通りである。

① ブロックの形式

　受信したブロック全体の構成および大きさが 5.2 節で述べた形式を満たせば正当と判定する。

② nonce の値

　受信したブロックのヘッダに含まれる nonce の値（nonce の最終値）は暗号パズルの解 PoW に等しいはずで、このブロックのヘッダを入力値として暗号的ハッシュ関数 SHA256 を連続 2 回適用した結果の出力値が 5.3 節で示した式を用いた (difficulty) target 以下であれば nonce は正しいと判定する。

③ ブロックの作成開始時刻

受信したブロックのヘッダに含まれる『ブロックの作成開始時刻（timestamp）』は、マイナーがブロックを作成し始めた時刻を表す。ネットワークに接続されている各ノードの時刻は互いに同期してはいないため、マイナーとブロックを受信したノードの時刻にはある程度のずれがあり得ること、およびブロックのネットワーク内周知に若干の時間を要することを考慮し、『受信ブロック内のブロック作成開始時刻』と『受信ブロックの正当性を検査する時刻』のずれが一定値（2 時間）以下であれば正当と判定する。

④ coinbase Tr の報酬額

ボディの coinbase Tr に含まれている報酬額が、ボディ内他全 Tr の手数料の合計値と表 5.2 に示す新規発行通貨額との総合計値以下であれば正当と判定する。

⑤ 含まれる各 Tr

ボディ部に含まれる全 Tr について、4.4 節で述べた条件がすべて成立すれば正当と判定する。

⑥ マークルルート

ブロックのボディ部に含まれている全 Tr から、7.3 節で詳しく説明するマークル木を作成する。作成したマークル木のルート（根）が持つハッシュ値がヘッダに含まれているマークルルートと一致すればボディに改ざんがなく正当と判定する。なお、この改ざんにはボディ内での Tr の入れ替えも含まれる。

ブロックにどのような Tr が含まれるべきかについては正当性検査の対象になっていない。なぜなら、マイナーが受信する Tr がすべて一致する保証がないうえ、5.5 節で述べた通りブロックに含めるべき未処理 Tr の選出ではマイナー

の裁量が一部あり、どの Tr がブロックに入っているべきかについてブロックを検証するノードが判断することは現実的に不可能だからである。

　各ノードが互いに独立に行っている受信ブロックの正当性検証は、ノードによる不正動作の対策に有効である。例えば、マイナーが所定値を超える報酬を獲得するように coinbase Tr に不当に高額な報酬額を設定したものと仮定する。このようなブロックを受信したノードは、④の検査によってこのブロックを不当だと判断し棄却するので、他のノードに転送することがないし BC に連結することもない。つまり、不当なブロックは作成したノードの隣接ノードにいったん送信されるもののすぐに廃棄されてしまい、作成したノードを除きネットワークには一切周知されず残らない。このように、各マイナーはルールに従った正当なブロックを作らない限り、ブロックが各ノードの BC に連結されて残ることがなく報酬を獲得できない。結局、不正を行っても暗号パズル解きのための膨大な計算が無駄となり、このような不当な動作は自然になくなると期待される。

　マイナーは正しい target に基づいて適正な nonce を見つけることが必要であり、target を不当に大きな値に勝手に変更して、それを満たす nonce を素早く見つけてブロックを完成させネットワークに周知することは許されない。本来は受信したブロックの正当性検証では、ブロックヘッダに含まれている target の値が適切か否かを検査するべきであるが、現実にはこの検査は必ずしも実施されていないようである。これまで target の値を不当な値とした不正が行われていないかもしれないが、必要となればこの検査を追加することになろう。このように、今後必要に応じて正当検査内容は追加変更される可能性がある。

　以上の通り、ブロック自体の論理的な正しさについては、②により暗号パズルを正しく解いたことを検査し、④と⑤によってボディ部の各 Tr の正しさを検査する。さらに、ボディ部とヘッダ部の整合性を⑥のマークルルートで検査する。この検査によって、ブロック内での Tr の順序入れ替えも許さない。つまり、ボディ部の変更は一切見逃さない。一方、当該ブロックと親ブロックとの間の整合性については、ブロックを BC に連結するとき、ヘッダに含まれている親ブロックのハッシュ値によって BC にあるはずの親ブロックを探し出して連結するので、検査したことになる。理論的には親ブロックが見つからない場合もあるが、もし

見つからなくてもすぐに親ブロックを受信し、親子ブロックを同時に BC に連結することになるはずで、一定時間経っても親ブロックが届かないときはブロックが不正だと判断できる。言い換えると、ヘッダ部分に改ざんがあると以降のブロックが連結されなくなり、次節以降で示す通り、そのようなブロックはまもなく BC から削除されて残らない。このように BTC では、受信したブロックのヘッダに含まれている両ハッシュ値などを使った検査によってブロック内の正しさとブロック相互間の正しさを検証できる。

5.7 ブロックチェーンと合意形成

5.7.1　ブロックチェーンの更新

　各ノードでは受信した正当な全ブロックを鎖状に連結した BC として保管しているが、この BC は分散台帳とも呼ばれ、本質的に全ノードで同一である必要がある。もし、ノードによって BC が異なっていると、BC を基にしたブロックの作成や正当性検査が不適切となり、例えば、過去の Tr で得た受領額を 2 度以上使用可能となるなどの問題が起きるからである。しかし、暗号パズル解きを含むブロック作成はネットワークの各マイナーにおいて並行して実行される分散処理であり、マイナーの動作タイミングを互いに揃える同期ができないうえネットワークにおける情報の転送が完全ではなく、各ノードが受信する情報が同一であるとは限らない。このため、各ノードにおける処理の内容や結果を同一にすることは一般に困難であり、特別な処理を施さない限り BC を同一に保つことはできない。各ノードで維持管理する BC の統一化の成否を握る鍵は、各ノードの分散処理によって並行に生成されるブロックのうち適切な一つだけを全ノードが共通に採用して BC に連結し更新していくという合意形成にあり、合意形成は BTC における P2P 型の分散処理において極めて重要な必須技術である。

　各ノードは 5.6 節で説明した方法で正当であると判断した受信ブロックを、ブロック間の親子関係を基にして BC に連結することによって BC を更新する。そ

の詳細を具体的に説明すると以下の通りである。新たに受信し検証が済んだブロックのヘッダには親ブロック（のヘッダ）のハッシュ値が含まれており、以降このハッシュ値を PBH（previous block hash）と略す。各ノードは PBH を基にして BC に含まれているブロックの中から親ブロックを探す。マイナーによるブロックの作成では通常その時点での BC においてブロック高が最大のブロックを親ブロックとするので、各ノードが受信したブロックの親ブロックは保管している BC の先頭に位置していることが多いが、実際には次の 3 ケースがある。

ケース 1：BC においてブロック高が最大のブロックが親ブロックの場合
ケース 2：BC においてブロック高が最大ではないブロックが親ブロックの場合
ケース 3：BC に親ブロックが存在しない場合

　以下各ケースについて説明するが、具体例として図 5.4 を用いる。図 5.4 は、保管している BC における最新のブロック（top/tip）の高さが 12345 の場合に受信したブロックの連結に関する 3 ケースを示す。図 5.4(a) は受信ブロックを連結する前の BC で、高さが 0 の始祖ブロックに 12,345 個のブロックが一列に鎖状に連結され、高さが最大値 12345 の最新ブロックが BC の先頭に位置する。

ケース 1

　BC 内のブロックのうちブロック高が最大である先頭のブロック（のヘッダ）のハッシュ値を計算し、受信したブロックのヘッダに含まれる親ブロックのハッシュ値 PBH と一致するか比較する。比較結果が一致の場合は先頭ブロックが親ブロックと判定でき、先頭ブロックに受信ブロックを連結することによって BC を更新する。

　図 5.4(a) の例で、高さが 12345 の先端ブロックのハッシュ値を計算し、受信ブロックの PBH と比較する。比較結果が一致であれば、受信ブロックの親ブロックが先端ブロックであると判定でき、図 5.4(b) に示す通り、この先端ブロックに受信ブロックを連結する。この連結によって BC の鎖が 1 ブロック分だけ伸び、

連結された受信ブロックの高さは 12346 となる。

比較結果が不一致の場合、先頭ブロックが複数個あれば同一のブロック高を持つ残りの先頭ブロックのハッシュ値を計算して PBH と比較することによって同様に親ブロックを探し、親ブロックが見つかれば受信ブロックを連結する。

ケース 2

ケース 1 の説明に従って処理しても親ブロックが見つからない場合、すなわち BC 内先頭ブロックのハッシュ値と PBH とが一致しない場合（先頭ブロックが複数個あるときは、いずれの先頭ブロックのハッシュ値とも一致しない場合）は、ブロック高が先頭ブロックより 1 だけ小さいブロックのハッシュ値を計算し（このようなブロックが複数個あればそれらのハッシュ値を順次計算し）PBH と比較する。このようにして一致が得られた場合は BC の先頭に位置しないブロックが親ブロックであり、この親ブロックに受信ブロックを連結し BC を更新する。

この親ブロックがすでに子ブロックを持っていた場合、子ブロックが 1 個増えることになり、ブロック間連結の鎖リンクが分岐（fork）することになる。通常一つの親ブロックが持つ子ブロックは高々 2 個までと考えられるが、理論的には 3 個以上もあり得る。図 5.4(c) は、高さが最大値より 1 だけ小さい 12344 のブロックが受信ブロックの親ブロックになる例で、受信ブロックはこの親ブロックに連結されて高さが 12345 となる。一方、その親ブロックはすでに高さが 12345 の子ブロックを持っているため、受信ブロックの連結によって分岐が生じている。

高さが最大値より 1 だけ小さい全ブロックについて比較結果の一致が得られない場合は、高さがさらに 1 小さいブロックについて同様な繰り返しを行って受信ブロックの親ブロックを探索し、親ブロックが見つかれば受信ブロックを連結して BC を更新する。この探索は、受信ブロックのヘッダにある『ブロックの作成開始時刻』で示されている時刻よりも 2 時間前以内に作成されたブロックの探索が尽きるまで繰り返す。図 5.4(d) は、高さが 12343 のブロックが親となって受信ブロックが連結される例で、やはり親ブロックで分岐が生じている。

BC でブロック間親子関係のリンクが分岐する具体的状況の例は次の通りであ

る。例えば、2個のマイナーがほぼ同時に暗号パズルを解き終えてブロックを完成しネットワークに周知すると、正当なブロックを2個ほぼ同時に受信するノードがあり、両ブロックをBC内の親ブロックに連結する。両ブロックの中味が異なっていてそれらの親ブロックが同一であれば、その親ブロックはほぼ同時に2つの子ブロックを持つことになる。両ブロックの親ブロックが異なれば、異なる親ブロックがそれぞれ子ブロックを持つ。いずれにせよBCの鎖連結は分岐を持つ。

ケース 3

ケース2の探索処理を繰り返してもBC内で親ブロックが見つからなかった場合は、受信ブロックの親ブロックをまだ受信していないためと判断し、受信ブロックを孤児ブロック（orphan block）として扱い、BCとは別の孤児ブロックプール（orphan block pool）に保管しておく。それ以降にブロックを受信するたびに孤児ブロックの親ブロックでないか検査する。つまり、親子ブロックの到着順序が逆転し、子ブロックが届いた後に親ブロックが届くと、その親ブロックと子ブロックを同時にBCに連結する。このような順序逆転は、例えばあるブロックが作成された後、その子ブロックがすぐに作成されネットワークに周知されたような場合に起こり得る。

図 5.4(e) は、PBH と等しいハッシュ値を持つブロックがBC内に存在しない場合で、受信ブロックは孤児ブロックとなりBCに連結できないことを表す。

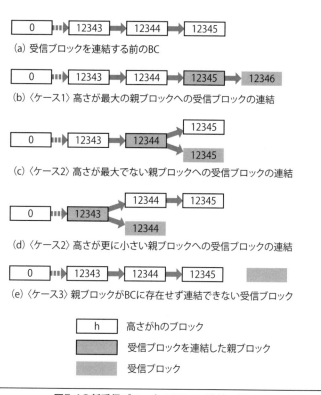

（a）受信ブロックを連結する前のBC

（b）〈ケース1〉高さが最大の親ブロックへの受信ブロックの連結

（c）〈ケース2〉高さが最大でない親ブロックへの受信ブロックの連結

（d）〈ケース2〉高さが更に小さい親ブロックへの受信ブロックの連結

（e）〈ケース3〉親ブロックがBCに存在せず連結できない受信ブロック

| h | 高さがhのブロック |

| | 受信ブロックを連結した親ブロック |

| | 受信ブロック |

図5.4●新受信ブロックのBCへの連結の例

　このようにして受信ブロックが BC に連結されると、そのブロックおよびそれに含まれる全 Tr が一応承認（仮承認）されたことになる。しかし、5.7.3 項で詳しく説明する通り、ブロックが BC に連結された時点で承認確定とすることにはリスクがあり、さらに数個（例えば 5 個）のブロックが連結されて初めて承認確定と判断する。通常ブロックが作成されネットワーク周知される間隔が約 10 分であり、結果的に Tr は作成後、例えば 1 時間程度で承認が確定する。

5.7.2 ブロックチェーンの収束と再収束

前項で述べた通り、一般に同一の親ブロックに対する子ブロックを異なるマイナーがほぼ同時に完成してネットワークに周知した場合、各ノードがそれら複数個の正当なブロックを受信して、同一の親ブロックに複数の子ブロックを連結し、BC の分岐（枝分かれ）が生じる可能性がある。理論的には分岐後の複数のブロックにそれぞれさらに別のブロックが連結されることがあり、結果的に分岐後複数のブロック列が数珠つなぎ状に伸びていく可能性がある。

一方、マイナーが新ブロックの作成を開始する場合、次の手順によって BC 内のブロックから親ブロックを選択する。

① BC に分岐がない場合は、高さが最大の先端ブロックを親とする。
② BC に分岐がある場合は、分岐後に複数あるブロック列（便宜上、ブロック数が 1 の場合もブロック列と呼ぶ）のうち、含まれるブロックの (difficulty) target 値の合計値が最大のブロック列を選択し、その先端にある高さが最大のブロックを親とする。

target 値は 5.3 節で説明した通り暗号パズルの難度を表すので、②では難度が最も高く必要な計算量の期待値の合計値が最大の暗号パズルを解いて完成した分岐後ブロック列を選ぶことになる。target 値は滅多に変わらず同一であることが多いので、通常 target 値の合計値が大きいこととブロック数が多いことは同等になり、②については『分岐後最も多くのブロックを含むブロック列を選択し、その先端のブロックを親とする』という趣旨で解説する書籍や資料が多い。

このように、分岐があった場合でも各マイナーはできる限り同一の親ブロックを選択しその子ブロックを作成するので、一つの同じ分岐後ブロック列だけにブロックが連結され収束（convergence）していくようになる。この結果、BC がいったん分岐したとしても分岐後の複数の子ブロックがいずれも子孫ブロックをさらに持つことはほとんど生じない。複数の分岐後ブロック列が並行して子ブロックを持ち続けていくためには、各分岐後ブロック列の先端ブロックを親とする子ブ

ロックを異なるマイナーが並行して作成し、ほぼ同時に暗号パズルを解き終えて子ブロックを完成し、ネットワーク周知することを連続的に繰り返すことが必要である。しかし、容易に推測できる通り、このような繰り返しが続く確率は極めて小さく現実的でない。つまり、各ノードが持つ BC が 2 個以上の枝に分岐した場合、通常一つの分岐後ブロック列だけが伸びて 2 個以上のブロックを持つことになり、他の分岐後ブロック列が含むブロック数は 1 のままであることが多い。そして、各ノードが持つ BC で最大の高さを持つブロックの高さの差は通常 1 以内である。

前項でも触れたが、一定数の子孫ブロックを持ったブロックは承認が確定するので、確定したブロックと兄弟・従兄弟などの関係にあるブロック列は削除され分岐は消滅していく。このように、BC は分岐が生じても通常すぐに枝刈りが行われて解消するので分岐は一時的であり、BC はほぼ常に一列の数珠つなぎ構造に収束し、各ノードが持つ BC は共通化していく。

一般に、各ノードは独立して BC を保管し更新しており、各ブロックを受信するタイミングが完全には一致していないため、各ノードが保管している BC が一致しているという保証はない。しかし、これまでの説明から理解できるように、BTC における各ノードの BC はまったくバラバラというわけでなく現実は常にかなり似通っており、時間の経過とともに共通化が進み収束していく。このように、ノードによって異なる可能性がある BC をできる限り同一とし収束させていくための工夫が、target 合計値が最も大きい分岐後ブロック列の先頭ブロックを親として選び新しいブロックを作成するというアイデアにある。

図 5.5 の例では、BC 内のブロック B で分岐が生じ 2 個の子ブロック C と D が連結された後、ブロック C を親とする子ブロック E を受信し、その後ブロック E にさらにいくつかの子孫ブロックが連結された様子を示す。ブロック E へのブロックの連結が進み連結ブロック合計数が一定値を超えると、ブロック E の親ブロック C の承認が確定するとともに、他の分岐後ブロック列であるブロック D が削除され枝刈りが行われる。

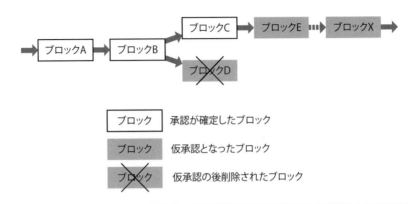

ブロック　　承認が確定したブロック

ブロック　　仮承認となったブロック

ブロック　　仮承認の後削除されたブロック

図5.5●BCにおける分岐と枝刈りによる収束の例

　マイナーは、マイニングを開始して暗号パズルを解いている最中に正当なブ
ロックを受信すると、その受信ブロックをBCに連結するとともに暗号パズル解
きを中止し、マイニングをやり直す。このときにも、上述の手順①と②に従って
親ブロックの選択を行う。例えば、図5.6(a)で示す通り、ブロックBまで連結
されたBCを持つマイニング中のマイナーが正当なブロックCを受信してそれを
ブロックBに連結すると、ブロックCを親として新たなブロックの作成を開始
する。その後、同図(b)で示す通り、ブロックBを親とする別の子ブロックDを
受信してブロックBに連結した場合は、すでに開始済みのブロック作成をその
まま継続する。なぜなら、ブロックBでBCが分岐した後に2つのブロック列（実
はそれぞれ1個のブロック）を持つが、各ブロック列に含まれるブロックが持
つtarget値の合計が同一だからである。BCにおいて分岐があるとき、マイナー
が作成中のブロックの親ブロックを含む分岐枝をメイン枝と呼び、それ以外の分
岐枝をサブ枝と呼ぶ。

　しかし、図5.6(c)で示すように、その後ブロックDを親とする正当な子ブロッ
クEを受信すると、ブロックB以降の分岐後ブロック列のうちブロックD以下
のブロック列の方が多くのブロックを持ちtarget値の合計値が大きくなるので、
ブロックCを親としてそれまで進めていたブロックの作成を中止し、ブロック
Eを親とする子ブロックを新たに作成し始める。このように、マイニングのため

の親ブロックが別の分岐後ブロック列に含まれるブロックに変更となることがあり、これを再収束（reconvergence）と呼ぶ。再収束はメイン枝とサブ枝の入れ替えである。なお、枝刈りを行っていくつかのブロックを削除する場合、それらブロックに含まれる Tr のうち BC に存在しない Tr は、未処理 Tr メモリプールに戻し、以降のブロック作成の対象とする必要がある。

いずれにせよ、マイニングの開始時とやり直し時の親ブロック選択は、選択した親ブロックを承認することに相当するとも言える。BC に分岐がある場合の親ブロックの選択はメイン枝の選択であり、親ブロックの兄弟ブロックや叔父叔母ブロックなどを承認しないことに相当する。このように、親ブロックの選択はBC における収束と再収束、すなわち合意形成の重要な鍵となっている。

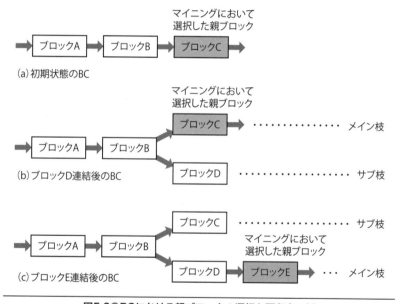

図5.6●BCにおける親ブロックの選択と再収束の例

このような収束と再収束によって、BC に連結されたブロックおよびそのブロックに含まれる全 Tr が後になって削除される可能性があり、BC に連結されたからと言って必ずしも確定できないことになる。つまり、BC に連結されたばかりの

ブロックに含まれる Tr を確定したものと扱いその Tr 確定に呼応して商品やサービスを提供した場合、しばらく後にその Tr がブロックごと BC から削除されて、受領できたはずの通貨が受領できなくなってしまう可能性がある。言い換えると、この BC の分岐に係わるブロックの削除を悪用することによって、理論的には『仮承認』ブロックに含まれていた Tr の input で参照された過去の UTXO を使用する前にもう一度別の Tr で使用するという受領額の二重使用などの不正が可能になる。このような不正の具体例については 9.4.2 項で紹介する。これが理由で、BC に連結された当初のブロックの状態は『仮承認』とするが『承認確定』とはしない。これまでの説明から理解できるように BC の収束と再収束の仕組みはやや複雑ではあるが、この仕組みに欠陥があると安全な取引の実現を阻害する弱点になり得るため、安全性の観点から極めて重要である。BTC のこの仕組みはかなり巧妙に設計され、これまでの BTC の実績から判断して実際に上手く動作していると評価できる。

　なお、この仕組みに関する既存の書籍や資料などの説明では、ほとんどが分岐後ブロック列のうち含まれるブロック数が最も多く長いもの（the longest chain）を選ぶという旨だけの記述となっており、ごく一部で含まれるブロックが持つ target 値の合計が最大のもの（the greatest cumulative difficulty chain）を選ぶという記述がある。いずれにせよ、いつの時点でブロック数や target 合計値を比較判定するかについての記述がなく、例えば、最長の分岐後ブロック列が唯一となったらそれを選択し他の分岐後ブロック列を削除すると解釈すると、第 9 章で説明する 41% 攻撃のような戦略によって正当なブロックを容易に削除できることになってしまう。このように BC の収束と再収束については、重要さの割に反して、既存の書籍や資料では記述が簡易で省略が多く注意が必要である。

　一方、いくつかのノードが共謀して不正を行い、親子関係を継続する不正ブロック（例えば、受領額の二重使用を行う Tr を含むブロック）を次々に連続して作成し続けると、その不正ブロック列が一定数を超え、正当なブロックと承認され確定することがあり得る。言い換えると、理論的に BTC/BC が常に正しく合意形成できるという保証はない。例えば、全ノードの大多数のノードが共謀し

てこのような不正を行えば、正当なノードと異なる BC を大多数の不正ノードで構築できてしまう。このような状態は、例えば全ノードの過半数が共謀した場合に起き得ることから 51% 攻撃と呼ぶことがある。51% 攻撃については第 9 章で詳しく説明するが、実際には BTC ネットワークにおけるノードが極めて多数であり、その過半数以上のノードを乗っ取って共謀し不正処理を行うことは容易でなく現実的でないと考えられている。実際これまでのところシステム BTC においてそのような事態に陥ったことは報告されておらず発生していないと判断される。

以上で説明した分岐と枝刈りによる BC の収束と再収束は、暗号パズルの難度と深く関連しており、暗号パズルを解くための所要時間の最小値の期待値が 10 分と定められた理由は次の通りである。

暗号パズルを解くための所要時間が大きいと、マイニングによってブロックが完成し BC が更新される時間間隔が長くなり、合意形成に要する時間すなわち Tr の承認確定までの時間が大きくなってしまう。しかし、通常取引は物品やサービスの対価の支払いになるので、この所要時間は小さいことが望ましい。

逆に、暗号パズル解に要する時間を小さくすると、ネットワーク内の伝搬遅延時間および各ノード内におけるブロック受信からその正当性判定処理と BC 連結処理を終えるまでの時間がほぼ一定と仮定した場合、多くのマイナーがほぼ同時にマイニングを進めるので同じ親ブロックに対しほぼ同時に完成する子ブロックが増え、その結果 BC の分岐が発生する確率が大きくなる。BC の分岐は、仮承認扱いのブロックや Tr を増やすことになるうえ Tr の受領額の多重使用の原因にもなり得るので望ましくない。

このように、ブロックおよびブロックに含まれる Tr の承認の確定に要する時間と BC の分岐確率はトレードオフの関係にあり、そのバランスを考慮して 10 分というブロック作成の時間間隔の期待値が決められた。

現実のシステム BTC では、2.4 節で触れた通りマイニング競争は熾烈を極めており、当初は通常のコンピュータにおける CPU (Central Processing Unit) を使ったソフトウェア処理であったが、その後暗号パズルを解く効率を上げるため、ハッシュ関数をより高速に計算可能な GPU (Graphics Processing Unit) を用い

たソフトウェア処理に移行した。現在は、ハードウェア処理に移行し、FPGA（Field Programmable Gate Array）や ASIC が多用されている。その結果、システム BTC 全体で単位時間にハッシュ値を計算する能力は指数関数的に増大し、target も呼応する形で急激に小さくなっている。将来量子コンピュータが実用化されシステム BTC でも活用される可能性があるが、その場合、現在のシステム仕様では暗号パズルが瞬時に解けてブロック作成が頻繁になり、BC の分岐と成長が増えてしまい、安定した BC の運用維持が困難になってしまうかもしれない。

5.7.3　合意形成の性質と定義

　システム BTC のマイニング動作には、分散処理に係わる重要な特性がある。各マイナーが作成するブロックに含まれる Tr が必ずしも同一とは限らず、たとえ含まれる Tr が同一でブロックが同じだとしても暗号パズルの解は必ずしも同一ではない。しかしながら、現実的には各ノードが持つ BC が同一の 1 本の鎖構造を持つブロック列に収束し、同一で正当な各ブロックおよびその中に含まれる全 Tr が時間とともに承認され確定するということである。

　ブロックに含まれる Tr が同一でない理由はいくつかある。第 1 の理由は、ブロックに含める候補の未処理 Tr を蓄える Tr プールのコンテンツがノードによって同一にならないからである。5.1 節で述べた通り、各マイナーがマイニングを開始するタイミングは、自ノードが暗号パズルを解き終えてブロックを完成した時点、または、他マイナーが完成したブロックを受信した後その正当性を検証し終えた時点であり、いずれにしても各マイナーが個別に処理するためマイナー間で同期できず同時刻にならない。そのうえ、伝送路上の誤りや損失などによってノードが受信する Tr が共通となる保証がない。このため、一般にマイニング開始時点までに受信した Tr がノードによって異なり、Tr プール内の Tr 集合が異なるからである。第 2 の理由は、5.5 節で述べた通り、ブロックに含める Tr の選出の一部を各マイナーの裁量で決めることができるためである。

　一方、同一の Tr から構成されるブロックに対する暗号パズルの正解が複数個ある理由は、5.3 節で述べた通り、ブロックヘッダのハッシュ値が一定値（target）

以下という条件を満たせばすべて正解としているからである。

　前項で詳しく述べた通り、このような非同期の分散処理によって、ブロックの作成とその BC への連結において、混乱することなく各ノードが管理する BC が同一になって収束するという点は極めて重要である。この同一 BC への収束によって、同一の Tr を 2 回以上ブロックに含めてしまうことがないうえ、基本的には永久にブロックに含まれず承認されないまま Tr が残ったりすることもない。なぜなら、承認された Tr を管理するデータベースである BC が全ノードで共通であれば、受信したブロックの正当性を検査する際、過去の取引または報酬によって得た資産を 2 回以上使う（多重使用）ことになる Tr を容易に検出できるからである。また、各マイナーが受領した Tr は、5.5 節で述べた通り、優先順位はあるものの、基本的には順次ブロック化されるからである。ただし、取引の量が増えて承認速度が追い付かなくなってくると承認できない Tr が出てくる恐れがある。言い換えると、合意形成ができれば仮想通貨システムとして問題がないというわけではないので注意が必要である。これは BTC の処理能力とスケーラビリティ（scalability）の問題であり、解決案を含めて第 9 章で具体的に説明する。

　以上から理解できるように、システム BTC の中核技術は BC とその合意形成にある。その特徴は emergent consensus と言われることがある。つまり、一つの動作や処理によって結果（取引）が直ちに確定するということではなく、時間の経過に伴って BTC の処理が進むと、各取引の信頼度が徐々に高まり確定していくという性質にある。これまでにも述べてきたが、その背景には公平で信頼できる機関や組織の存在を前提とせず、参加するノードのゆるい結びつきの下での分散協調型処理に依存しているからである。言い換えると、BTC に参加するノードは基本的に互いに独立して非同期的に動作するだけでなく、離脱や再参加が自由であり固定していない。さらに、それらノード間で情報を授受する物理ネットワークの信頼度が必ずしも高いわけではなく、伝送速度や伝送誤りなどの性能や品質も多様である。このため、特定のノードに取引の承認や確定を依存したり、「全体で一定値または一定割合以上となる条件を満たすこと」のようなノード全体の状況を考慮して判定したりする手段が存在しない。

　この emergent consensus の具体的な中核的動作を整理すると、次の 5 点に

なる。

① 各ノードが互いに独立して Tr を検証すること

② 各マイナーが互いに独立していくつかの Tr をブロックにとりまとめること

③ 各マイナーが互いに独立して多くの計算時間を要する処理（暗号パズル解き）を実施してブロックを完成し他の全ノードに周知すること

④ 各ノードが互いに独立して受信したブロックおよびその中の Tr の正当性を検証すること

⑤ 各ノードが互いに独立して管理している BC に検証済みブロックを連結するとともに、不要な分岐後ブロック列を破棄することによって BC を更新し続け、結果的に一時的な分岐が生じても時間の経過とともに BC が 1 本の同一のブロック列に収束していくこと

　マイニング開始時に、各マイナーは保管している BC に分岐がなければ BC 内の最新ブロックを親ブロックとして選択し、分岐があれば含まれるブロックの target の合計値が最も大きい分岐後ブロック列の最新ブロックを親ブロックとして選択し、新ブロックをその子ブロックとして作成する。この親ブロックの選択は言わば合意形成のための『投票』とみなすことができる。また、BC の更新において分岐が生じた場合、分岐後の各枝ブロック列に含まれる target の合計値（ブロック数）を基にして枝刈りやメイン枝とサブ枝を交換することがあるが、これらの収束と再収束の処理も言わば各ノードの『投票』とみなすことができる。このように、『投票』によってより多くの『得票』を得たブロックが選定され合意されると解釈できることから、『多数決』によって合意形成が実現すると解説されることがある。多数決によって削除され残らなかった分岐後ブロック列については、最終的にはマイニング競争に負けたマイナーが作成した、あるいは改ざんなどの不正があった可能性があるという解釈もできる。

　ブロックおよび Tr の承認が確定することは、取引の非可逆性を保証するものであり、すでに知られている「タイムスタンプ（TS）サービス」[7] に類似した機能とみることもできる。一般に TS サービスは、ある時刻に対象データが存在

していたという実在性を保証する。これまでの TS サービスは信頼できる組織を前提としているが、BTC/BC では「信頼できる第三者（中央管理サーバ）」でなく、ブロックや Tr の承認と同様、いわば『参加者の多数決』によって保証する点で本質的に異なる。

このような多数決の実現には多くの参加者（ノード）が必要となるが、BTC/BC において多くのノードが多数決に参加する動機付けは、参加者の報酬に対する欲望を前提としたマイニング競争である。そして、投票権は一般には膨大な計算の処理速度を競って最初に正解を得た参加者が勝利者となる計算能力に基づいている。

これまでの説明を総合すると、BTC の合意形成を次のように定義することが適切と考えられる。

合意形成の定義

システム BTC の合意形成は、全体の過半数のノードが管理する BC において、

① 承認が確定した（一定数以上の子孫ブロックが連結された）ブロックは常に鎖状に連結された 1 本のブロック列となっており、かつ

② これらブロック列の間には包含関係が常に存在する。

[定義終]

という 2 条件を満たすようにブロックとそれに含まれる Tr の承認を確定することである。

これまで本書では、BTC におけるノードは合意形成によって基本的には同一の BC を持つ旨の説明を行ってきたが、厳密にはこの定義に基づく 2 条件を満たす BC を持つという意味である。

この定義において、『全ノード』でなく『全体の過半数のノード』とした理由は、不正な、または異常な動作をとるノードがあり得ることを考慮し、上述の通り『多数決』によって合意が形成されるからである。なお、念のためではあるが、ここ

でのノードはフルノードを意味することに注意が必要で、例えばフルの BC を管理しない軽量ノードは対象外である。

①における『一定数』について、これまでは例として 5 と説明してきたが、実はこれは coinbase Tr 以外の通常の Tr を対象とした場合であり、coinbase Tr ではもっと大きな値（例えば 99）が推奨される。その理由は、ブロックが BC の収束や再収束によって削除された場合、そのブロックに含まれていた Tr の（仮）承認が取り消しとなるが、その影響は通常の Tr より coinbase Tr の方がはるかに大きいからである。具体的に説明すると、通常の Tr の承認が取り消しとなってもその Tr が無効になるという意味ではなく、Tr 自体はすでに検証済で正当であることが確認済で Tr プールに戻され、通常は次に作成されるブロックに含まれて再度 BC に連結されやがて承認が確定する。一方、新規発行された仮想通貨および含まれる全 Tr の手数料の総合計値である報酬を表す coinbase Tr が取り消しになると、それは削除されたブロックに付随する固有のものであり復活することは永遠にないため、その coinbase Tr に含まれる output を参照した Tr があればそのような Tr をすべて直ちに無効化する必要がある。このような影響の大きさの違いから、coinbase Tr とそれ以外の通常の Tr についての承認確定のための条件が大きく異なっている。

②の『ブロック列の間に包含関係がある』とは、任意の二つのノードが持つブロック列について、一方のブロック列がもう一つのブロック列と同一であるか 1 個以上のブロックをさらに鎖状に連結したものとなっていること、つまり、一方のブロック列が他方のブロック列と同一であるかその一部分になっていることを言う。ただし、現実にはこの差異部分は高々 1 個のブロックであることが多いと考えられる。実際、合意形成によって承認が確定したブロック（および Tr）は、過半数のノードにおいて（『常に』でなく）『ほぼ常に』同一で共通である。その理由は、各ノードがブロックを連結する、つまり、ブロックの承認が確定するタイミングが同期できず多少（現実には数秒程度以下と推測される）ずれるので、この多少の時間のずれを許容するためである。

この定義では、合意する主体は過半数のノード、合意によって採用するものは承認が確定するブロック、および合意の結果共通となるものは承認が確定したブ

ロックのチェーンである。ノードに共通となる承認確定済みブロックのチェーンは約 10 分毎に 1 ブロックずつ伸びていく。

5.8　合意形成に係わる安全性

　システム BTC では、基本的に各ノードが過去の正当な全 Tr だけを含む共通の BC を保管して Tr やブロックの正当性を検証するため、各ユーザの秘密鍵を盗られない限り不正が極めて困難で安全だと言われている。本節では、これまでの説明と一部重複するが BTC の安全性について総合的に解説し、特に不正が困難である理由を分析するとともに、理論的には完全に安全とは言えないことも明らかにする。

　ここでは不正を、Tr に係わる不正とブロックに係わる不正とに大別する。以下では主に不正ユーザが単独で不正を行う場合を考えるが、対象とする不正な Tr を Tri(illegal Tr)とし、不正ユーザを Ui(illegal user)、正当なユーザを Ul(legal user）とする。

　Tri については、Ui が送信（中継）すべき Tr を送信しないこと、Ui が不正な Tr を作成して他ノードに送信すること、および Ui が他のノードから受信した Tr を改ざんして他のノードに送信することが考えられる。Tri の具体的な不正内容を、Tr の構成要素である input 部と output 部に分けて検討する。input 部は過去の Tr の UTXO の参照情報とロック解除情報、また、output 部は支払額とロック解除条件から構成され、それら各構成要素に対応した様々な不正が考えられるが、以下の通りこれまでに説明してきた方法によってすべて問題とならないことが理解できる。

① Ui が送信すべき Tr を送信しない

　　正当な Tr を受信した Ui が隣接ノードに送信しない場合、Ui の隣接ノードがその Tr を Ui から受信できなくなるが、一般に各隣接ノードは自身も複数の隣接ノードを持ち、それら複数のノードから同一の Tr を受信するので、

隣接ノードのうちの一つの Ui から受信できなくても問題とならない。

② Tri 内の input が参照する Tr が存在しない

Tr の検証において参照先 Tr を探索したとき見つからないため、この不正を検知できる。

③ Ul 宛支払い Tr の受領額を Ui が勝手に使う

Tr の検証において、正当でない Ui は正当な Ul の秘密鍵を持てず署名ができないため、参照 Tr の UTXO に記載されたロック解除条件を満たすことができないので、この不正は実現しない。

④ Ui が自身の UTXO を多重使用する

4.4 節の Tr の検証と 5.7 節の合意形成で説明した通り、各ノードにおいて正当な Tr をすべて含む BC を管理しているので、このような BC を基にした Tr の検証によって UTXO の多重使用を検知できる。

⑤ Tri の支払額が適正な値でない

支払額についての正当性の判定は形式的にはできないが、取引自体を理解し認識している受領者が容易に判断できるはずである。

⑥ Tri で input 受領総額以上の支払いをする

Tri の検証において、各 input で参照する UTXO の受領額の合計値が Tri の支払額合計値以下であることを確認するので、この不正を容易に検知できる。

なお、Ui は自身の財源を使って支払う Tr を任意に作成することが可能である。しかし、その Tr の財源は他ユーザ Ul の財源ではないので、受領者が覚えのない支払いを受けることはあり得るものの多重使用がなければ本質的な問題とはならない。5.7 節の合意形成に関する説明から理解できるように多重使用は基本的に不可能であるが、BC において分岐を強制的に発生させることができれば多重使用の余地が生じる。この BC の分岐に係わる問題と対処については、後述する不正ブロックに関する説明の中で明らかにする。

不正 Tri の受領者にとって問題となり得るのは、受領額が不足で適切でない、または受領者が適切でない場合であるが、それらはこの Tri を受信した受領者が

Tri の内容を確認することによって直ちに検知できる。または、受領額と受領者が適切な Tr の承認とその確定がいつまでも確認できないことによって受領者が不正を検知できる。受領者が不正を検知した場合、その取引の対価として提供することとしていた物やサービスの提供を止めることで対処できる。つまり、Ui は実質的に不正をして得することはなく、わざわざ Tri を作成して送信することは考え難い。

　さらに、Ui が意味のない無駄な自分あて支払い Tr を作りネットワークに周知することは常に可能であり、ネットワークや他ノードへの無駄な負荷になるという問題はあるが、本質的に Ui にとって手数料の無駄であり有益になるとは考えられず、そのような不正は基本的にはないと考えられる。

　一方、ブロックに関する不正は、Ui による不正なブロックの作成と送信、および他ノードから受信したブロックの非送信と改ざん後の送信が考えられる。いずれの場合も、不正ブロックはブロック全体に係わる不正とブロックの構成要素に係わる不正とに分けられる。

　ブロック全体に係わる不正としては、同一ブロックの多重処理と不当な廃棄が考えられ、いずれも不正ユーザ Ui が常に実行可能である。しかし、同一ブロックを 2 回送信しても、各ノードでは同一ブロックを認識して廃棄するだけでありネットワーク負荷の若干の増大を除き本質的な悪影響はない。正当なブロックを Ui が廃棄した場合、Ui の隣接ノードがそのブロックを Ui から受信できなくなるが、一般に各ノードは複数の隣接ノードを持ち、それら複数のノードから同一のブロックを受信するので、隣接ノードの一つから受信できなくても問題とならない。

　ブロックの構成要素に係わる不正は、ブロックのサイズや含まれる Tr 個数などの構成の形式的な不正、および各構成要素の中味に係わる不正に分けられる。構成の形式的な不正は、5.6 節で説明した通り、各ノードが受信したブロックの正当性を検査する際に検知でき、不正なブロックは廃棄するので問題とならない。一方、nonce を含むヘッダのハッシュ値を使って、受信したブロックに対しては暗号パズルを正しく解いたことを検査する。したがって、各構成要素を改ざんした場合、暗号パズルを解き直して正しい PoW をヘッダの nonce に設定しな

い限り改ざんを検知でき廃棄するので問題とならない。

そこで、以下では各構成要素を改ざんまたは不当な値とした後に暗号パズルを解き直して nonce が正しい値となったブロックについて検討する。親ブロックのヘッダ値が不当な場合、親ブロックが BC に存在しないブロックは一定時間後に廃棄されるが、廃棄されたブロックに含まれていた Tr は後刻マイナーによって正当なブロックに含められ処理されるので処理の遅延があるものの大きな問題とはならない。親ブロックが BC に存在した場合、問題となり得るケースはその親ブロックの高さが最大値ではないときで、通常正当な子ブロックをすでに持っているので、この親ブロックで分岐が生じる。分岐後は、不当な子ブロックと正当な子ブロックが別の分岐枝に含まれ、以降は正当な枝と不当な枝のマイニング競争となる。しかし、一般には先に作られた正当な子ブロックを基にして多くのマイナーによりブロックの作成が進むので、結果として正当な子ブロックを含む枝が残り、不当なブロックを親として Ui だけがマイニングし続けても枝刈りされる。このようにいったん分岐が起きても時間の経過とともに不当なブロックは削除され、正当なブロックだけが残っていくので問題とならない。

ブロックの親ブロックのハッシュ値、nonce、および通常の Tr 以外の要素には、マークルルート、ブロックの作成開始時刻、暗号パズルの難度（target）、coinbase Tr がある。

第 7 章で述べる通り、マークルルートはこのブロックに含まれる全 Tr のハッシュ値であり、マークルルートを不当な値に改ざんすると、その正当性を検査するときに容易に検知でき廃棄するので問題とならない。ブロック作成開始時刻を使うのは、そのブロックの親ブロックの受信が大幅に遅れた場合のような異常なケースで親ブロックを探索するような場合であり、2 時間という余裕を持った値のブロックの作成開始時刻が少々ずれても処理結果は事実上変わらない。ブロック作成開始時刻が大きくずれていた場合、そのブロックが結果的に廃棄される可能性があるが、これはネットワークの障害によってブロック自体の送信ができなかった場合と同様であり、そのブロックに含まれる Tr が未処理 Tr 保管メモリプール（Tr プール）に残るので、時間の経過とともにマイニング時にブロックに含まれていくことになり、結果的に承認処理が遅れるだけで深刻な問題となら

ない。target は、BC が分岐した場合の親ブロック選択や枝刈りおよび nonce の正しさの検証に利用する。しかし、5.3 節で示した通り、target の値は基本的にあらかじめ定めた規則に従うので、この規則を基にした検査によって不適切な target 値を検知できそのブロックは破棄されるため、やはり深刻な問題とはならない。coinbase Tr の不正としては新規発行通貨の額と各 Tr の手数料の総合計値である報酬を不当な高額に設定することが考えられる。しかし、ノードでブロックを受信した場合の検証で報酬額の適正検査が行われ、不当に高い報酬額は検知され、そのような不当ブロックは破棄されるので、やはり問題とはならない。

　以上の説明から理解できるように、システム BTC では安全性がかなり高い。しかし、完全に安全ということではなく、少なくとも次の問題が残っている。

① 不正 Tr や不正ブロックの送信によってネットワークの負荷とノードにおける処理負荷を増加させることができる。つまり、ノードの処理動作を遅らせたり妨害したりするサービス妨害 DoS 攻撃があり得る。一般に取引は迅速に決済できることが望ましく、取引を実現する BTC にとって DoS は問題となる。ただし、この DoS は BTC に固有ではなく、ネットワークを利用する多くの機能やサービスに共通であり、本質的な解決策が得られていない問題でもある。

② これまでの説明では不正ユーザが単独あるいは少数であることを前提としていた。しかし、多くのユーザ、例えば過半数のノードが共謀した場合、不正 BC を構築し不正 BC を基にした取引が継続可能になる。つまり、多数ユーザの共謀には弱いという問題がある。過半数を象徴する数字として 51% を用い、このような攻撃を 51% 攻撃と呼ぶことは 5.7.2 項で述べた通りである。

　51% 攻撃についての詳細は第 9 章で説明するので、ここでは簡単に紹介しておく。例えば、nonce が正しい不正なブロックが他のノードで廃棄されないためには、他のノードより早く暗号パズル解 PoW を計算し終えてブロックを完成し他ノードに送信する必要がある。この結果、BC は正当なブロックと不当なブロッ

クを持ち BC に分岐が生じることになる。分岐後の不正ブロックの承認が確定するためには、不正ブロックにさらにいくつかのブロックが連結されて、正当な分岐枝のブロック列よりも長くならない（正確には、target の合計値がより大きくならない）と削除されてしまうので意味がない。つまり、他ノードとのマイニング競争に連続して勝ち続けねばならない。このような連続勝利は単独ユーザでは非現実的であり、もし各ユーザの持つコンピュータの処理性能が同等であれば、全体の過半数を占めていればある程度連続的に勝ち続けることが可能になると考えられる。大雑把には過半数のユーザが共謀すれば、不正ブロックを作成し続けて承認を確定させていくことが可能になり得る。ただし、すでに述べた通り、Tr を改ざんできたとしても、ロック解除情報として署名が必要であるため、不正ユーザ Ui 自身が受領する UTXO 以外は改ざんが見破られるので意味がない。

また、一般に BC 内のブロックを改ざんし承認を確定させるためには、親子関係で連結されたそれ以降の子孫ブロックも改ざんし続けていくことが必要になる。例えば、高さが h のブロックを改ざんしたと仮定すると、そのヘッダのハッシュ値も変わるため、このハッシュ値をヘッダ部に持つ高さが h + 1 の子ブロックの内容も変わることになる。つまり、高さが h + 1 の子ブロックも改ざんしないと、高さ h のブロックの改ざんが検知できてしまう。この関係は鎖状に連結された子孫ブロックに続いていくため、一般に高さ h のブロックを改ざんし、それが露見しないようにするためには、それ以降のすべての子孫ブロックを改ざんする必要がある。

ブロックの改ざんでは、多量の計算を必要とする暗号パズル解き競争に勝たねばならないので、例えば最新のブロックの高さが 1,000 のとき、ブロック高が 900 のブロックを露見することがないよう改ざんするためには暗号パズル解き競争に 100 回以上連続して勝ち続ける必要がある。これは現実的には不可能と考えることができる。このことが BC の改ざんに対する高い安全性の根拠となっており、時間が経過して連結されたブロックが多くなればなるほど各ブロックの信頼度が高くなるという特徴がある。逆に言えば、一回暗号パズル解き競争に勝てば、一時的に改ざんブロックを各ノードで BC に連結させることが可能である。したがって、BC に連結されたからと言って、そのブロックとそれに含まれてい

る Tr を直ちに信用し、その Tr に含まれる output（UTXO）を使用して別の Tr を作成（取引）した場合、後刻そのブロックが無効と判定されて削除され、結果としてその UTXO が無効となってしまうことがある。このため、以降に連結されている子孫ブロックが一定数以下のブロックの信用度は一般に高くないと言える。

　実際の BTC では約 10 分ごとに暗号パズル解き競争が繰り返されてブロックが作成され続けており、例えば子孫ブロック数が 5 以上になると、つまり、約 1 時間以上経過すると、ブロックの改ざんは事実上不可能と判断され、そのようなブロックに含まれる全 Tr の承認が確定する。つまり、それら Tr に含まれる output が信頼できるものとして扱われ、そのような output で受領した額の通貨 BTC を、それ以降の Tr の input で安心して使うことが可能となる。

　以上で述べたシステム BTC の安全性の評価を総合しまとめると、表 5.3 のリストに整理できる。なお、このリストのうち一部については、理論的に完全に達成することは不可能なことがある。それについては第 9 章の限界と課題で説明する。

表5.3●システムBTCの安全性

① 参加ノードが勝手に新規通貨を生成することを許さない
② 所有していない通貨（他ユーザの通貨）を使用することを許さない
③ 一度使った通貨を 2 度以上使うこと（多重使用）を許さない
④ 不当または架空の Tr を正当と主張することを許さない
⑤ 承認が確定したブロックの改ざん・覆し・否認を許さない
⑥ 承認が確定した Tr の改ざん・覆し・否認を許さない
⑦ 承認が確定したブロックの BC 内順序変更を許さない
⑧ 承認が確定した Tr のブロック内順序変更を許さない

　このように、システム BTC は、マイニングと合意形成によって、信頼できる第三者の存在を必要としないで安全な取引を実現する P2P 型の分散システムであり、同時に新規通貨発行も可能としている。特に、個々のノードは任意の時点

でシステム BTC への参加や離脱が可能であるうえ、ノード間の情報授受を担う
ネットワークに対しては伝送速度・伝送品質・セキュリティ安全度に対する制約
は極めて少ない。したがって、マイニングと合意形成こそが様々な特徴を持つシ
ステム BTC の中核をなす基盤と言え、システム BTC/BC をこれまでのあらゆる
システムと本質的に異なるユニークな位置づけとしている。

第6章

分散システムにおける
合意形成の理論

6.1 合意形成と二将軍問題

　一般に、P2P型の複数のノードがネットワークを介してデータを授受しながらそれぞれ独立に並行して処理を進める分散システムでは、たとえ各ノードの処理用ソフトウェアが同じでも各ノードの処理結果が異なる可能性があり、各ノードによって正しい合意（consensus）を形成できるためには特別な工夫が必要である。特に、データ授受において誤り・遅延・損失などがあったり一部のノードの動作に故障や不正があったりしても、正常なノードによって合意を達成できるという特性はビザンチン・フォールト・トレラント（BFT：Byzantine Fault Tolerant）と呼ばれ、分散システムの研究とともにBFTの明確化（定式化）とBFTを実現する技術が研究されてきた。

　ここで、分散システムにおける合意形成はレプリケーションと類似しているが異なることに注意が必要である。レプリケーションとは、「複数のプロセスから構成される分散システムにおいて、あるプロセスが管理するデータのコピー（レプリカ）を他のプロセスがリアルタイムで持つこと」である。一方、合意とは、「複

数のプロセスが（有限時間で）同一の処理結果を得ること」である。つまり、合意では必ずしもオリジナルデータのコピーを持つ必要がなく、例えば、オリジナルデータの代わりにそれらの最大値や平均値を導出するような場合も含まれる。あるいは、合意によって各プロセスが持つオリジナルデータを互いに推測する分散システムにおいて推測結果が全プロセスで完全に一致できれば、結果的に合意によってレプリケーションを実現できる。つまり、レプリケーションを実現する一つの手段と合意を位置付けることもできる。

システム BTC が分散システムとして正常に機能するためには、受信するブロックが正当とは限らないためブロックおよびブロックに含まれる全 Tr を各ノードが検証して正当と判断できたときのみ承認することが必要である。これには、各ノードが管理する BC が正当な Tr だけをすべて持ち、それら Tr の正しい実行順序が判別できることが基本となる。なぜなら、このような BC があれば、例えば Tr の受領額の多重使用などの不正利用を回避できるからである。第 5 章で述べた通り、BTC ではこのような BC の共通化を各ノードで実現することを合意形成と呼ぶ。理論的には、この合意形成は常に実現できるという保証がないことが分かっている。

BTC の合意形成問題は、それまで研究されてきた分散システムの合意形成問題と類似しており共通する点があるが、異なる点も少なくない。一般に分散システムの合意形成問題は多種多様であるが、代表的な問題は 1980 年頃から研究が進んだビザンチン将軍問題（Byzantine Generals Problem）と考えられる。本章では、ビザンチン将軍問題の基礎とみなすことができる二将軍問題（Two Generals Problem）とビザンチン将軍基本問題（Basic Byzantine Generals Problem）を採りあげ、それらの解を含めて議論するとともに、その議論を基にして BTC の合意形成問題の位置づけと技術を理論的に考察する。

二将軍問題は 1975 年に発表され 1978 年に命名された [11]。二将軍問題は二軍隊問題（Two-army Problem）とも呼ばれ、その定義は次の通りである。

二将軍問題の定義

ある国に二名の将軍によってそれぞれ率いられる二軍隊が一つの共通の敵を攻

めようとしているが、勝利するためには両軍隊が同時に攻める必要がある。同時攻撃のため二将軍は攻撃の日時の通知およびその受託確認のために伝令を使って情報の授受を行うが、伝令が正確に情報を伝えるという保証がなく、情報が消滅したり改ざんされたりする可能性がある。このような前提で、二将軍が同時攻撃を実現できるか否か判定し、実現できる場合にはそのための具体的手順を導出することを二将軍問題と定義する。

［定義終］

この二将軍問題の特徴は、将軍の行動には問題ないが伝令の信頼性に問題があるという点にあり、将軍をプロセス、伝令をプロセス間の情報授受にそれぞれ対応させることによって、コンピュータ分野での分散処理の問題として扱うことができる。二将軍問題は、一見すると容易に解け二将軍が同時攻撃を実現できると思われるかもしれないが、実は解が存在しない。なぜなら、すべての伝令が相手の将軍に正しく伝わったことを確認することができないため、同時に攻撃する日時を確実に合意し確認することができないからである [12]。

6.2 ビザンチン将軍基本問題とその解

ビザンチン将軍問題は二将軍問題を改変したものと位置付けることができ、分散処理における合意形成に係わる一つの問題として、1982 年にランポート他によって提起された [2]。これはビザンチン合意問題（Byzantine Agreement Problem）とも呼ばれ [12]、ビザンチン帝国に属す複数の軍隊が一つの敵国を攻撃するか否かを、各軍隊を率いる将軍間での 1 対 1 の伝令のやりとりによって合意できるか否か明らかにし、合意できる場合には各将軍のとるべき行動手順を導出するという問題である。各将軍がすべて忠実で伝令が信頼できるならばビザンチン合意問題は簡単に解けるが、裏切る将軍がいたり伝令が正しいという保証がなかったりする場合は必ずしも容易でない。

以下では、ビザンチン将軍問題における将軍および伝令をそれぞれプロセスお

よびネットワークを介して交換するメッセージ（データまたは情報）に置き換え、プロセスの一部には信頼性の問題があるがメッセージ交換は信頼でき問題がないという前提をおき、各プロセスが持っているデータをメッセージに含めて送受信することによって、各プロセスが元々所有していたデータの値を他の各プロセスが有限時間で正しく推測できるかというビザンチン将軍基本問題について理論的に議論する。ビザンチン将軍基本問題を次の通り定義する。

ビザンチン将軍基本問題の定義

それぞれが固有のデータ（オリジナルデータと呼ぶ）を持つ複数のプロセスが、以下の条件下で他の全プロセスのオリジナルデータを推測し、推測値に関する「合意」を有限時間で得るアルゴリズムを見出すことをビザンチン将軍基本問題と定義する。

① 各プロセスは 1 対 1 のメッセージ通信によって任意の他プロセスとの間でデータを直接送受信でき、送受信するデータにはオリジナルデータだけでなく他プロセスから受信して得たそのコピー（単にデータとも呼ぶ）を含めることができる。

② ①のプロセス間データ送受信において、データを受信したプロセスは送信プロセスを識別し認識することができ、データの誤りも消滅（損失）も起きない。つまり、送信したデータは相手プロセスが必ず正しく受信する。

③ プロセスには、正常に動作する正常プロセスと、正常動作をとる保証がない異常プロセスがあり、異常プロセスは誤ったデータを送信することがある。

④ 各プロセスは、受信したデータから他の各プロセスが持つオリジナルデータを推測し、最終的に各正常プロセスが他の全プロセスのオリジナルデータについて推測した結果が同一（正常プロセスのオリジナルデータについての推測結果は正しい）となった場合に合意が形成できたものとする。

[定義終]

　ここで、④の合意について注意すべき点がいくつかある。この問題の目標は合意であり、あくまでも各プロセスの持つオリジナルデータ推測結果が同一になることを意味しており、異常プロセスを見つけることを目標にしてはいない。また、オリジナルデータの推測結果がオリジナルデータに一致することを目標とはしていない。ただし、正常プロセスが持つオリジナルデータを他の各正常プロセスが推測した結果はオリジナルデータと一致し正しい値となる。つまり、正常プロセスによる合意形成が異常プロセスの動作によって乱されない。

　一方、異常プロセスによる他プロセスのオリジナルデータ推測結果が合意の対象となっていないが、これは、異常プロセスでは推測法自体が誤っている可能性があり、異常プロセスによる推測結果を合意対象とすると明らかに合意形成問題は不能となるからである。さらに、正常プロセスが異常プロセスの持つオリジナルデータを推測した結果についても合意する必要がある点にも注意すべきである。この条件がないと、例えば各プロセスで全プロセスのオリジナルデータの平均値を導出する場合のように、合意結果に基づいて異常プロセスを含む全プロセスで分散処理を継続する場合、いったん合意できなくなるとそれ以降の処理結果がバラバラになって収束できなくなってしまい意味がなくなる可能性があるからである。なお、この条件がない場合は問題の解の困難度は低くなる。

　このように合意形成においては、目標としている合意に関し、合意を行う主体、合意の内容、およびプロセスやメッセージ授受に関する条件や前提が極めて重要で、実用性に大きく係わるうえ解の難易度にも大きく影響する。ビザンチン将軍問題について解説した書籍や論文は多いが、合意形成に関して曖昧な記述に終始し明確な定義を与えないまま解を示していることが少なくないので、注意が必要である。

　ビザンチン将軍基本問題に対し次に示すナイーブな解が考えられるが、付録Bで反例を示して説明する通り、このナイーブ解は正解でない。

ビザンチン将軍基本問題に対するナイーブ解

【ナイーブ解によるアルゴリズム】

　全プロセスの個数を n とし、各プロセスを P_i（i = 1, 2, $\cdots$, n）として、P_i が

持つオリジナルデータを data$_i$ とする。

[Step 1] 各プロセス P$_i$ (i = 1, 2, …, n) は、自プロセスが持つオリジナルデータ data$_i$ のコピー d$_i$ を他の全プロセス P$_j$ (j = 1, 2, …, n, j ≠ i) に送信する。

[Step 2] 各プロセス P$_i$ (i = 1, 2, …, n) は、Step 1 で受信した全データ d$_k$ (k = 1, 2, …, n, k ≠ i) を他の全プロセス P$_j$ (j = 1, 2, …, n, j ≠ i) に送信する。

[Step 3] 各プロセス P$_i$ (i = 1, 2, …, n) は、Step 1 と Step 2 で受信したデータの多数決処理によってオリジナルデータを推測する。例えば、プロセス P$_1$ のオリジナルデータを P$_2$ が推測する場合、P$_2$ が Step 1 で P$_1$ から受信したデータ d$_1$ と、P$_2$ が Step 2 で他プロセス P$_j$ (j = 3, 4, …, n) から受信した P$_1$ のデータを使って多数決処理する。多数決処理では、過半数を占める値があれば、それをオリジナルデータの推測値とする。過半数を占める値が存在しない場合はあらかじめ定めた特定の値を推測値とする。

【アルゴリズム終】

　このナイーブ解の Step 2 によって、他の全プロセスが持っていたデータを各プロセスが持つことになる。なお、各プロセスは自プロセスが持つオリジナルデータを 2 度以上送信する必要はない。

　一般に異常プロセスが 1 個だけで正常プロセスが 3 個以上あると、このナイーブ解は正解となる。しかし、一般に異常プロセスが少なくとも 2 個あると、正常プロセスがどんなに多くても、ナイーブ解は不正解となる。異常プロセスが 2 個以上の場合やや複雑になり具体的な検討が面倒になりがちで省略し、異常プロセスが 1 個の場合だけ検討してナイーブ解が正しいと判断する可能性があるので注意が必要である。これらの具体的な説明はやや長くなるので、後述する正解についての解説を含め付録 B にまとめた。必要に応じて参照いただきたい。実際、ほとんどの書籍や資料では異常プロセスが 1 個の場合のみを扱っているた

め、ともするとビザンチン将軍基本問題は一見して容易に解けると判断してしまう恐れがあるが、実は必ずしも容易でない点には十分な注意が必要である。

このビザンチン将軍基本問題においてプロセスがすべて正常で異常プロセスがない場合は、各プロセスが他の全プロセスにオリジナルデータのコピーを送信すれば、各プロセスが他の全プロセスの正確なデータを受信でき、それらは全プロセスに共通で正しい値であるため合意形成が容易に実現できる。

ビザンチン将軍基本問題の合意形成では、合意形成に至るまでの時間やプロセス間データ送受信回数などを最小にするという効率は考慮しない。したがって、まず一つのプロセスが持つオリジナルデータのみについて合意形成を図ることにし、このような部分合意形成を他の全てのプロセスが持つオリジナルデータについて繰り返しても問題ない。そこで、以下では理解を容易にするため、一つのプロセスだけのオリジナルデータを他の各プロセスが推測し、それらの結果が同一の値になるという合意形成のためのアルゴリズムを示し、これを全プロセスについて繰り返すという前提で説明する。なお、実際の合意形成では効率を重んじ、同時に全プロセスのオリジナルデータについて合意を形成するよう、データのプロセス間送受信やプロセス内処理を同時並行的に進める。

全プロセス数を n とし、そのうち m 個のプロセスが異常だとすると、正常なプロセスは n – m 個である。このとき n – m > 2m、つまり、n / 3 > m、言い換えると異常なプロセスが全体の 1 / 3 未満という条件を設けると、次に示す再帰的アルゴリズム LSP による解が存在し合意形成が可能である [2], [12], [14]。LSP は、原著論文 [2] の 3 名の共著者 Lamport, Shostak, Pease のイニシャルの組み合わせである。この解 LSP では、プロセス間データ送受信の同期がとれており、一定時間ごとに各プロセスはその時点で所有するデータを他のプロセス宛に 1 回だけ送信し、その受信もその一定時間内に完了することとしている（最初の一定時間では、対象とするオリジナルデータを持つプロセスのみ送信する）。

ビザンチン将軍基本問題に対する正解 LSP

【アルゴリズム LSP】

関数 majority$(v_1, v_2, \cdots, v_N)$ を、$(v_1, v_2, \cdots, v_N)$ の N 個の値の中で過半数を占

める値がある場合はその値を出力し、過半数を占める値が存在しない場合にはデフォルト値としてあらかじめ定めた特定の値（例えば0、あるいはオリジナルデータが大小比較できる場合は中央値（メディアン：median）などでもよい）を出力する関数と定義する。合意形成の対象となるオリジナルデータを持つプロセスをサーバ役として設定し、以下の LSP(m) を実行する。この処理を他の全プロセスについて繰り返すことによって全プロセスのオリジナルデータについての合意形成を達成する。

LSP(0)

［Step 1］　サーバ役プロセスは、他の全プロセスに自プロセスのオリジナルデータのコピーを送信する。

［Step 2］　データを受信した各プロセスは受信データを保管する。

LSP(m)（m > 0）

［Step 1］　サーバ役プロセスは、他の全プロセスに自プロセスのオリジナルデータのコピーを送信する。

［Step 2］　データを受信した各プロセスは受信データを保管する。プロセス i（i = 1, …, n のうち Step 1 でのサーバ役プロセスを除く n − 1 個）が Step 1 で受信したデータを v_i とする。

［Step 3］　Step 1 でのサーバ役プロセスを除く各プロセス i をサーバ役として LSP(m − 1) を実行し、Step 1 でサーバ役プロセスと自プロセスを除く計 n − 2 個の他プロセスに保管データ v_i を送信する。

［Step 4］　各プロセス i が Step 3 で実行した LSP(m − 1) において他の各プロセス j（j ≠ i）から受信したデータを v_j とし、プロセス i はオリジナルデータを majority$(v_1, v_2, \cdots, v_n)$（ただし、v_i は存在しないので除く）によって推測する。

【アルゴリズム終】

このアルゴリズム LSP の正当性は m に関する数学的帰納法によって証明され

ているが本書では省略するので、必要に応じて文献 [2] を参照されたい。付録 B
では LSP の具体例を紹介するが、正当性についての定性的な概要説明を含んで
いる。

LSP には再帰性があり、実は結構複雑で動作を完全に理解することは必ずしも
容易でないと判断される。しかし、m が 1 の場合は実質的に再帰性がなく理解
も容易であるので、以下では m = 1 の場合について具体例を説明する。再帰性を
理解するために有用な m = 2 の場合についての具体例は、長くなるため本文で
は省略したので付録 B を参照されたい。なお、ビザンチン将軍問題を扱ってい
る書籍は少なくないが、上述の通り問題自体の明確な記述が極めて少ないうえ、
具体例については m = 1（n = 4）の場合のみである [12], [13]。一方、論文や資
料については問題を明確に記述することがあるものの、具体例についてはやはり
m = 1（n = 4）のみの場合が圧倒的に多い。m = 2（n = 7）の場合を扱った論文
は文献 [15] のみのようである。しかし、[15] では、オリジナルデータを 2 値に
限定したうえ、正常プロセスが持つオリジナルデータを他の正常プロセスが推測
した結果が一致し合意が形成できる場合の説明は記載されているものの、異常プ
ロセスが持つオリジナルデータを正常な全プロセスが推測した結果が一致し合意
形成できる場合についての完全な説明は記載されていない。付録 B では、ナイー
ブ解と LSP の両アルゴリズムについて、異常プロセスが 1 個で規模が小さい単
純な場合と異常プロセスが 2 個で少し規模が大きくやや複雑となる場合の動作
を詳細に解説しているので、必要に応じて参照し理解を深めていただきたい。

このアルゴリズム LSP は大別して 2 つの機能部分に分けることができる。第
1 の機能では、Step 1 ～ Step 3 において、データの送受信を計 m + 1 回繰り返
す。ここで各回のデータ送受信をラウンドと呼び区別することとし、m + 1 回の
ラウンドによって各プロセスは他プロセスのオリジナルデータに関する情報を集
める。この情報には、どのプロセスを経由して得たデータであるかの情報（プロ
セス ID 系列）を含める。この情報収集において同一のプロセスを 2 度以上経由
してデータを得る必要はないため同一のプロセス ID を含むプロセス系列のデー
タは不要で、異なるプロセス ID のみを含むプロセス系列の場合だけデータ送受
信する。具体的には、最初の送受信ラウンド（ラウンド 0 と呼ぶ）では LSP(m)

を実行することによって、サーバ役となった一つのプロセスが自プロセスのオリジナルデータ（のコピー）を他の全プロセスに送信する。2回目以降の送受信ラウンド（ラウンド 1, 2, …, m と呼ぶ）で、各プロセスは所持しているデータを、オリジナルデータを持つプロセスと自プロセス以外の他全プロセス（n − 2個）に送信する。

第2の機能では、Step 4 において、各プロセスは LSP(m)（m > 0）を実行する度に、第1の機能で受信したデータを基に多数決処理によってオリジナルデータを段階的に計 m 回推測する。最後の推測結果が合意結果となる。

なお、LSP とナイーブ解を比較すると、m = 1 のとき一致する。つまり、異常プロセスが1個の場合、正常プロセスが3個以上あればナイーブ解も正解となる。

このビザンチン将軍基本問題は様々な拡張が可能であり、具体的にはプロセスの処理、プロセス間でのデータのやりとり、および形成する合意の内容に関する条件を変更することができる。プロセス処理については、例えばプロセス異常時に送信するデータが常に一定値またはランダムな値となる、あるいはプロセスが異常となった場合は処理を停止し一切データを送信しないような動作への変更が可能である。プロセス間データの送受を相手プロセスとの間で直接行うのではなく、一部または全部において中継プロセスを経て間接に行う方法や、複数のプロセスに同一データを同時に送信する方法（同報通信と呼ぶことがある）が考えられる。データ送受の信頼性に関しては、受信データが送信データと異なったり送信データが損失したりする誤動作が考えられる。さらに、合意に関しては、正常プロセス同士の間でのオリジナルデータ推測値だけが一致すればよいとする変更も考えられる。

例えば、ランポートらの論文 [2] では、ビザンチン将軍基本問題においてデータ送受信に関し損失があり得るが損失とその送信プロセスが受信プロセスで認識可能と仮定したビザンチン将軍問題も論じている。ランポートらによるこのビザンチン将軍問題は、損失したデータの値をあらかじめ定めたデフォルト値とすることによって、ビザンチン将軍基本問題と同様な解で合意形成が可能となる。

6.3　ビザンチン将軍基本問題とビットコインの合意形成

　システム BTC に関する最初の論文 [1] では「ビザンチン将軍問題」を参照していないうえ、合意形成に関し明確ではなく曖昧な記述となっている。したがって、BTC の最初の設計で分散処理システムにおける合意形成をどのように考えて扱っていたかは定かではない。しかし、BTC で扱っている合意形成は、分散処理における合意形成に類似しているし関係がある。BTC と 6.2 節で述べたビザンチン将軍基本問題の合意形成を様々な観点から比較すると、表 6.1 の通り整理できる。分散処理として共通点があるものの、具体的には違いも多い。

　表 6.1 の通り、システム BTC で扱っている合意形成はビザンチン将軍基本問題と異なる点が多いが、根本的な違いはプロセス（ノード）にある。ビザンチン将軍基本問題を含め従来の分散システムにおける合意形成問題では、合意形成に係わるプロセスはあらかじめ定まっておりその個数は変化しない。このような問題を permissioned（許可）型と呼ぶことがある。permissioned 型の合意形成問題に対する解の基本方針は多数決処理にある。一方、BTC では、合意形成に係わるノード（プロセス）は不特定多数で、途中での入れ替わりが自由となっておりその個数は変化する。このような形式を permissionless（自由参加）型と呼ぶことがある。permissionless 型の合意形成問題では多数決処理は採用できず特別なアイデアが必要であり、BTC では独特のアイデアであるマイニング方式による PoW が考案された。

　BTC では、ノードが不正を働き不当な Tr やブロックを生成してネットワークに周知したり、受信した Tr やブロックを改ざんして中継したりすることも、あるいはまったく中継をしないことも可能である。このように、ノードの特性としては不作為障害（omission failures）や作為障害（commission failures）を含む任意の障害を起こし得るビザンチン障害（Byzantine failure/fault）を想定している。一方、ネットワークの信頼性は必ずしも高くないことを前提としており、メッセージの送受信において伝送誤り・消滅・改ざんなどがあり得るうえ遅延時

表6.1●システムBTCとビザンチン将軍基本問題の合意形成の比較

比較項目	システム BTC	ビザンチン将軍基本問題とその解 LSP
プロセス（ノード）の個数	制限がなく、変化も可	一定
プロセス処理の動機づけ	報酬	特になし
プロセス処理の性質	正常・異常の二通り	正常・異常の二通り
プロセス処理の異常性	出力がないこともあり、出力があっても正しいとは限らない（ビザンチン障害）	出力が必ずあるが、正しいとは限らない
異常プロセス数の制限	共謀攻撃を前提とすると全体の 34% 未満（9.4 節参照）	全体の 1/3 未満
プロセス間でのデータ送受方法	一般的には相手プロセスとの間接送受で、中継がある	相手プロセスとの直接送受で、中継がない
プロセス間で送受信するデータ	新たに作成する Tr とブロック	各プロセスが所有するオリジナルデータのコピー
プロセス間送受信データ量	プロセス数や取引量の増加に従って増加するが、約 10 分あたり 1 ブロック程度（1 MB）で、実質的な上限がある	プロセス数の増加に従って急激に増加する
プロセス間データ送受信の信頼性	信頼性に保証がなく、誤り・損失・遅延・順序逆転などがあり得る	信頼性が保証され、常に送信データと受信データは同一である
形成する合意の対象（合意される情報）	正常ノードにおける正当な過去取引の履歴（取引内容とその時間的順序）を漏れなく保管する BC 内のブロックのうち、一定数以上の子孫ブロックを持つ部分（異常ノードが勝手な BC を持つことは可能）が互いに包含関係にあること	正常プロセスによる各プロセス（含異常プロセス）のオリジナルデータ推測値
合意への過程	Tr とブロックの作成とネットワーク全体への周知およびブロックの BC への連結の繰り返しによって収束	（異常プロセス数＋1）回分のデータ送受信と（異常プロセス数）回分の多数決処理で合意確定

比較項目	システム BTC	ビザンチン将軍基本問題とその解 LSP
合意形成の回数についての前提	何回も無限に繰り返すことが前提	1 回ごとに完結
合意形成の保証とその条件	保証なし	異常プロセス数が全体の 1/3 未満のときのみ保証

間には特に制約がない。また、ノード間での情報の授受は直接でなく他のノードを中継する場合がほとんどである。

このように、合意形成問題に対する条件は BTC の方が厳しいとみることもできる。例えば、正当な Tr がネットワークで損失し続ければブロックの生成は不可能となり、BTC としての動作は行き詰って事実上動作しなくなる。また、9.4 節で説明する 51% 攻撃などの攻撃によって Tr の多重使用などの不正も可能となってしまう。つまり、理論的には BTC において合意形成が達成できるという保証がない。

そこで、BTC における合意形成問題については、例えば、日本ブロックチェーン協会によるブロックチェーンの定義『ビザンチン障害を含む不特定多数のノードを用い、時間の経過とともにその時点の合意が覆る確率が 0 へ収束するプロトコルまたはその実装をブロックチェーンと呼ぶ』のように緩く捉える考え方がある [16]。しかし、上述の通り、このように緩く定義しても必ずしも正しい解を与えるという保証がない点には注意が必要である。ただし、先述した通り、現実的に正解とならない確率は極めて小さく [1]、BTC が動作し始めてから合意形成に関して本質的な問題は発生しておらず実運用が継続しており、このような実用性が BTC の高い価値を示していると考えられる。

この合意形成問題は P2P 型システムに基づく分散処理であることに由来しており、もし従来方式に従って集中処理を採用するのであれば容易に解決できることを確認しておきたい。また、ビザンチン将軍基本問題に対するランポートらの解 LSP は、そのアルゴリズムに再帰性があることから推測できるように、一般にプロセス間でやりとりするメッセージが多く、プロセスが増えると指数関数的

に増加し合意形成に至る時間も大きくなって効率が極めて低く実用的でないという考えがある [17]。

　従来、分散システムにおける合意形成の応用例として航空機や宇宙船の制御システムなどが挙げられた [18], [19]。これらのシステムでは、やりとりするメッセージの個数よりもできる限り短時間で合意を形成するというリアルタイム性が重視されていたものの、いずれもプロセス数が既知でかなり少数に限られていたため、効率の観点からは本質的に問題にならなかったと考えられる。

　この点、BTC は従来の応用システムとは大きく異なりプロセスが極めて多くなる。このように、広域ネットワークを前提とした分散処理における合意形成では、プロセス間でやりとりするメッセージ数と所要時間の両観点から効率が極めて重要となり得るので、理論的・学術的な研究において興味あるターゲットであるとも言えよう。実際、実用性を意識して効率を向上させるアルゴリズムの研究も積極的に取り組まれており、先駆的な論文はノード数が既知で合意形成の中心的役割を持つリーダーの存在を仮定する PBFT（Practical Byzantine Fault Tolerance）[20] である。この後活発に研究が進められ多くの論文が発表されている [21], [22]。また、BTC や BC について理論的な定式化や解析を試みる研究も少なくない [23], [24]。

第7章

■■■■■■■■■■■■■■■■■■■■■■■■■■■■■■■■■■■■

軽量ノードによる簡易検証

7.1 簡易検証の概要

　前章までは、ネットワーク内の全ノードがフルノードであるという前提を置き、最古から最新までのブロックによって構成されるブロックチェーン（BC）を全ノードが漏れなく保管し、トランザクション（Tr）とブロックの正当性検証やマイニングを行うものとして説明してきた。しかし、実際にはスマートフォン・タブレット・パソコン・組込みシステムなどメモリ容量や処理能力の点でフルノードとして動作することが困難なノードもあり、このようなノードを軽量（簡易）ノードと呼ぶ。軽量ノードは Satoshi Nakamoto 氏による原著論文 [1] に記載されていたが、実装は遅れ 2012 年に導入された。つまり、Nakamoto 氏による実装ではなく、他の技術者の集団である BTC コミュニティによって開発され実用化された。

　BC のサイズは 2020 年 5 月末時点で約 280 GB であり、最近は約 60 GB/ 年の割合で増加し続けている。軽量ノードは巨大サイズの BC の代わりにブロックヘッダのみを保管する。このために必要なメモリ容量はフルノードに比較して約

1/1000 程度で済む。5.2 節で説明した通り、子ブロックのヘッダには親ブロックのヘッダのハッシュ値が含まれるので、ブロックヘッダだけを用いてブロックヘッダの鎖状連結、つまり、Tr を持たない BC を構築することができる。ブロックの識別にはブロックヘッダのハッシュ値（ブロックハッシュ）を用いるので、BC の代わりに全ブロックヘッダを持つ軽量ノードは、例えば、あるブロックが BC に含まれているか否かを判定することや、BC に含まれているあるブロック以降に連結されたブロックの個数などを知ることができる。

　一般に、ユーザが円滑な取引を行うためには、残高の確認、関係ある取引の承認が確定したことの確認など、自ノードに関連する Tr を対象とした確認や検証を行うことが必要である。フルノードを持つユーザであればこのような検証が可能であることは、第 5 章までに説明した通りである。しかし、軽量ノードの場合、ブロックヘッダは保管するがブロックのボディに含まれている Tr を保管していないため、このままでは残高の確認ができないうえ、支払いに使う UTXO（未使用の Tr output）も確認できない。つまり、軽量ノード自体だけでは正しい取引が困難であるため、自ノード（正確には自ノードが持つブロックチェーンアドレス BA）に係わる全 Tr とそれら Tr を含むブロックのヘッダの提供を完全な BC を持つフルノードに依頼し、フルノードから受信した情報を基に過去の Tr で受領し承認が確定した UTXO などをすべて取り出す。ここで、Tr の承認が確定したか否かは、第 5 章で説明した通り、その Tr を含むブロックが BC に連結され、さらにそれ以降一定数以上のブロックが連結されたことによって判別できるが、軽量ノードは上述の方法によって必要な情報をフルノードから得てこの判別が可能となる。

　このように、特定の BA に関する Tr の検証を簡易検証 SPV（Simple Payment Verification）と呼ぶ。通常、簡易検証は軽量ノードが行うことから、軽量ノードを SPV ノードと呼ぶこともある。

　フルノードは、軽量ノードから依頼を受信すると保管している BC から必要なデータを取り出して軽量ノードに返信する。この送受信手順では次の 2 点に留意する必要がある。

① プライバシー

軽量ノードが自 BA だけをそのままフルノードに送信すると、相手のフルノードはもちろん、もし軽量ノードの送受信をモニタ（あるいは盗聴）する第三者がいた場合にはその第三者にも BA を知られてしまう。システム BTC では全 Tr が公開されるので、BA が知られるとその BA に関する取引がすべて知られてしまうことになりプライバシーが問題になり得る。

② Tr の正確性（含完全性）

フルノードの動作に何らかの不良や不正があると、フルノードが軽量ノードに返信した Tr に誤りや漏れがあり得る。この結果、軽量ノードは適切な取引ができなくなる可能性が出てくる。

①の対策にブルームフィルタ（BF：Bloom Filter）と呼ばれる技術を採用しており、完全ではないがプライバシー問題をある程度緩和することができる。②の問題のうち Tr の誤りを検知するために、マークル検証（Merkle Verification）という技術が採用されている。マークル検証の採用によって、BC に含まれる全 Tr を返信する方法に比較すると、返信する情報量のオーダを (全 Tr 数) から $\log_2$(全 Tr 数) に削減でき、ネットワークと返信するフルノードの負荷を大きく軽減できるという効果が得られる。②の問題のうち Tr 漏れをなくすための仕組みは、依頼するフルノードを固定せず一般にはランダムに選ぶこと、および複数のフルノードに依頼することである。

次節以降でブルームフィルタとマークル検証について詳しく説明するが、表 7.1 に、簡易検証のために軽量ノードが保管する情報および軽量ノードとフルノードの間で送受信する情報をまとめて示す。

なお、軽量ノードが特定のフルノードに繰り返し依頼することはフルノードの処理負担となってサービス妨害となる可能性も考えられるので、この点からも依頼先のフルノードはランダムに変更することが望ましい。

表7.1●簡易検証を実現するために軽量ノードで保管する情報および軽量ノードとフルノードの間で送受信する情報

軽量ノードが簡易検証のために保管する情報
① 全ブロックのヘッダ

軽量ノードがフルノードに依頼するときに送信する情報
① ブルームフィルタ（自ノードの BA とダミーの BA から作成する）
② ハッシュ関数

フルノードが軽量ノードに返信する情報
① ブルームフィルタ作成時に使われた BA を含む BA を持つ全 Tr
② ①の各 Tr を含むブロックのヘッダ
③ ①の各 Tr を含むブロックのマークル木において、その Tr から根ノード（ルート）に至るパス情報（マークルパスと呼ぶ）

7.2 ブルームフィルタ

　ブルームフィルタ（BF）は、BTC のために新たに考案されたものではなく、BTC が発表される前の 1970 年に発表された確率的データ構造である [25]。その特徴は、ブルームフィルタに基づくデータ検索において誤検出率（False Positive）（偽陽性）は 0 でなく確率的な値になるが、見逃し率（False Negative）（偽陰性）は常に 0 になることである。以下では、まず一般的なブルームフィルタを紹介し、その後 BTC で採用されたブルームフィルタについて具体的に説明する。

　ブルームフィルタ（以降では、単にフィルタと呼ぶ）はビット列から構成される。フィルタの大きさ（長さとも呼ぶ）を I ビットとし、各ビットを BF_i（i = 1, 2, …, I）とする。フィルタの作成では、出力値が 1 〜 I の範囲の自然数となるハッシュ関数を 1 個以上使用する。その個数を J とし、各ハッシュ関数を $Hash_j$（j = 1, 2, …, J）とする。検索のためのキーの個数を K とし、各キーを Key_k（k = 1, 2, …, K）とする。

　キーとハッシュ関数から次の手順に従ってフィルタを作成する。

① フィルタの初期値をすべて 0、つまり、$BF_i = 0$（$i = 1, 2, \cdots, I$）とする。

② 各キーを全ハッシュ関数に順次適用し、その結果得られたハッシュ値に位置するフィルタのビットを 1 に設定する。つまり、Key_k（$k = 1, 2, \cdots, K$）を $Hash_j$（$j = 1, 2, \cdots, J$）に入力して合計 JK 個のハッシュ値を計算し、各ハッシュ値 $Hash_j(Key_k) = \ell$ に対し、$BF_\ell = 1$ とする。

図 7.1 に、$I = 8, J = 2, K = 3$ の場合の BF 例を示す。BF の初期値は (0 0 0 0 0 0 0 0) である。$Hash_1(Key_1) = 2$, $Hash_2(Key_1) = 6$ と仮定し、これを BF に適用すると BF = (0 1 0 0 0 1 0 0) となる。$Hash_1(Key_2) = 6$, $Hash_2(Key_2) = 3$, $Hash_1(Key_3) = 8$, $Hash_2(Key_3) = 8$ と仮定し、順次適用すると、最終的に BF = (0 1 1 0 0 1 0 1) となる。

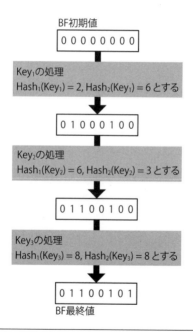

図7.1●フィルタ作成の例 (I = 8, J = 2, K = 3)

このようなフィルタとハッシュ関数を用いたデータベースの検索では、データ

ベースに格納された各データにキーをあらかじめ付加しておき、所望のキーを持つ全データに加え、所望のキーを持たないがフィルタに係わる条件を満たすキーを持つデータもすべて探索し出力する。具体的には、データベース内の各データが持つキーを順次ハッシュ関数 $Hash_j$ $(j = 1, 2, \cdots, J)$ に適用して得られるハッシュ値を $y(j)$ $(j = 1, 2, \cdots, J)$ とし、J 個の $BF_{y(j)}$ の値がすべて 1 であるデータを検索結果として出力する。図 7.1 のフィルタ例を使ってデータ検索する例を、図 7.2 に示す。図 7.1 の BF = (0 1 1 0 0 1 0 1) において値が 1 のビット位置は (2, 3, 6, 8) であり、データベースに含まれる各データについて、そのデータが持つすべてのキー Key に対し、次の条件

$$Hash_1(Key) = 2, 3, 6, または 8、かつ、Hash_2(Key) = 2, 3, 6, または 8$$

を満たすか否か検査し、条件を満たすデータをすべて出力する。

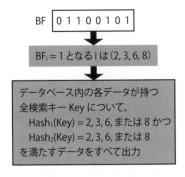

図7.2●図7.1のフィルタ例を適用したデータ検索

この BF を使った検索で得られる検索結果には次のような特徴がある。一般に、ハッシュ関数の出力値は入力値よりも短くビット数が少ないため、複数個の異なるキーが同一のハッシュ値を持つこと（衝突）があり、BF が持つビット 1 の個数は JK 以下となる。逆に、BF からその作成に使われたキーを導出することは一般に極めて困難である。したがって、この検索を行うと、K = 1 でキーが 1 個の

場合でも与えられたキーを持つデータだけでなく、ハッシュ出力値が同一となり衝突する他のキーを持つデータも検索結果に含まれる。つまり、あるキー X を J 個のハッシュ関数 $Hash_j$（j = 1, 2, …, J）に入力して導出した計 J 個のハッシュ値に対応する位置の BF の値がすべて 1 ならば、BF 作成時に X がキーとして使われた可能性があると言えるものの断定はできないことになり、X を持たず X 以外のキーを持つデータも検索結果に含めてしまう可能性がある。言い換えると、誤検出率（偽陽性）が確率的に 0 以上となる。しかし、もしあるデータが持つキーの各ハッシュ値に対応する位置の BF の値に 0 が 1 つでもあれば、そのキーが BF 作成時のキーに含まれていないことは確実で、見逃し率（偽陰性）は 0 となり、BF 作成時のキーを持つデータを見逃すことはない。

　システム BTC では、このようなブルームフィルタにおいて、データベースとキーをそれぞれ Tr の集合（実際には BC）と Tr に含まれる BA に対応させ、フィルタを作成する際に使用した BA とその BA と衝突する他の BA をいくつか含む Tr を検索する。さらに、フィルタ作成時に一つの BA だけでなくダミーの BA を複数個使うと、ダミー BA に加えダミー BA と衝突する他の BA をいくつか含む Tr をもすべて検索することになり、言わば余分の Tr をより多く含めるようにできる。これによって、軽量ノードから依頼を受けたフルノードが Tr を検索する際に、軽量ノードがどの BA を含む Tr を本当に検索しようとしていたかが分かりにくくなり、プライバシー問題を緩和できることになる。

　一般に、フィルタ長が短いほど、ハッシュ関数が少ないほど、ダミーの BA が多いほど、検索結果において余分となる Tr の量は多くなるという傾向がある。つまり、検索の正確度とプライバシーの間にトレードオフがあり、ブルームフィルタを使ったデータ検索では、I, J およびダミー BA 個数の値の調整によってこのトレードオフのバランスを図ることができる。

　軽量ノードは、フィルタのビット列（I ビット）と J 個のハッシュ関数をフルノードに送信して、フィルタに合致する Tr の返信を依頼する。フルノードは、保管している BC 内の各 Tr の各 output に含まれる BA に対し J 個のハッシュ関数を適用して、その結果のハッシュ値に等しいフィルタのビット位置の値がすべて 1 の場合、その Tr を返信対象にする。実際にはそのような Tr に加え、表 7.1 に示

す通り、Tr を含むブロックのヘッダと 7.3 節で詳説する Tr へのマークルパスを返信する。これらの情報を受信した軽量ノードは、自ノードの BA を含む Tr のみをすべて抽出して必要な検証を行う。

図 7.3 に図 7.1 の BF を用いる軽量ノードとフルノードの検索動作の例を示す。

軽量ノードの動作

・自BA = BA1 とし、
　　　　$Hash_1(BA1) = 2, Hash_2(BA1) = 6$
とする。
・ダミーBA = BA2, BA3 とし、
　　　　$Hash_1(BA2) = 6, Hash_2(BA2) = 3,$
　　　　$Hash_1(BA3) = 8, Hash_2(BA3) = 8$
とする。
・図7.1から、
　　　　BF = (01100101)　（値が1のビット位置 = 2, 3, 6, 8）
となる。

フルノードの動作

・BC内の全Trに含まれる各BAに対し
　　　　$Hash_1(BA)$ と $Hash_2(BA)$
を計算する。
・次の条件を満たすBAを持つTrをすべて検索結果として出力する。
　　　　$Hash_1(BA)$、$Hash_2(BA)$ とも $(2, 3, 6, 8)$ の部分集合である

図7.3●図7.1のフィルタ例を使ったTrの検索動作

7.3 マークル木とマークル検証

　マークル木（Merkle Tree）は、ハッシュ値を活用して大規模なデータの要約をデータベースに格納することによってデータを効率よく検索するためのデータ構造の一つである [26]。マークル木はハッシュ木（Hash Tree）とも呼ばれ、

1979 年に発表された。

　BTC のマークル木は一つの全二分木（Full Binary Tree）である。全二分木の前に二分木について説明する。二分木（Binary Tree）はノード（node：これはグラフの節点または頂点を意味し、BTC ネットワークを構成するノードと異なるので、混同しないように注意が必要である）、およびノードとノードを接続するリンク（link：枝（edge）とも呼ぶ）から構成されるグラフのうちループを持たないもので、特別な一つのノードである根ノード（root）が 2 本以下のリンクと各リンクの先にノードを持ち、このようなリンクとその先のノードが任意回数繰り返された構成となっている。各ノードが持つリンクが 2 本または 0 本の二分木を全二分木と呼ぶ。

　図 7.4 は二分木の例であるが、自然界にある通常の木とは上下が逆で、根ノードが頂上に位置し下方向にリンクとその先のノードが描いてある。下にリンクを持たないノードを葉ノード（leaf）と呼ぶ。リンクを結ぶ 2 個のノードのうち、上に位置するノードを親ノード、下に位置するノードを子ノードとそれぞれ呼ぶ。葉ノードは子ノードを持たず、葉ノード以外のノードはすべて子ノードを 1 個または 2 個持つが、根ノードは親ノードを持たない。図 7.4(a) は全二分木でない二分木の例、同図 (b) は全二分木の例である。

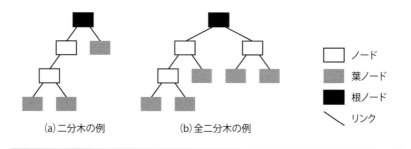

(a) 二分木の例　　　　(b) 全二分木の例

ノード
葉ノード
根ノード
リンク

図7.4●二分木の例

　システム BTC のマークル木は、ブロックの作成に伴ってそのブロックに含まれる全 Tr を基に作成され、その要約であるマークルルートがブロックのヘッダに格納されて各ノードに送信される。マークル木は、与えられた Tr がそのブロッ

クに確実に含まれているか否かを効率よく検査し確認するために利用される。BTC のマークル木とマークルルートの作成手順は次の通りである。

① ブロックに含まれる各 Tr に対応して葉ノードを作り、各 Tr のハッシュ値を計算して対応する葉ノードに付与する。葉ノード（Tr）の個数が奇数の場合は最後の葉ノードとそのハッシュ値をコピーして偶数とする。

② 葉ノード 2 個ずつから親ノードを作り、これら 2 個の葉ノードのハッシュ値の連結結果のハッシュ値をその親ノードに付与する。作成した親ノードが奇数の場合、最後の親ノードとそのハッシュ値をコピーして偶数とする。作成された親ノードが 1 個の場合⑤に進む。

③ ②で作成した（親）ノード 2 個ずつからさらに親ノードを作り、これら 2 個の元のノードのハッシュ値の連結結果のハッシュ値をその新親ノードに付与する。作成した新親ノードが奇数の場合、最後の新親ノードとそのハッシュ値をコピーして偶数とする。

④ ③の新親ノードの作成と新親ノードへのハッシュ値の付与を繰り返す。作成された新親ノードが 1 個の場合⑤に進む。

⑤ 最後に作成された親ノードをマークル木の根ノードとすることによってマークル木を完成し、根ノードに付与されたハッシュ値をマークルルートとする。

　この作成手順では各親ノードは必ず 2 個の子ノードから作成されるので、マークル木は全二分木である。マークル木で使用されるハッシュ関数は SHA256 の 2 回適用であり、出力となるハッシュ値の大きさは 32 バイトである。マークルルートはトップハッシュ、マスターハッシュなどと呼ぶこともある。また、マークルルートはマークル木の根ノード自体を指すこともある。

　例えば、図 7.5 に示す通り、あるブロックが持つ Tr の個数が coinbase Tr を含めて 5 だとすると、これは奇数のため最後の Tr をコピーして合計偶数の 6 個とし、これら 6 個の Tr を対象としてマークル木を作る。具体的には、まず 6 個の各 Tr からハッシュ値を計算し対応する各葉ノードに付与する。次に、連続す

る2個の葉ノードのハッシュ値を連結して新たなハッシュ値を計算し、その2個の葉ノードの親ノードに与える。この処理を全葉ノードについて繰り返す。同様にして葉ノードの親ノード2個ずつが持つハッシュ値を連結して新たなハッシュ値を計算し、その2個のノードの新親ノードに付与する。この操作を新親ノードが1個になるまで繰り返すことによって、図7.5のマークル木が完成する。

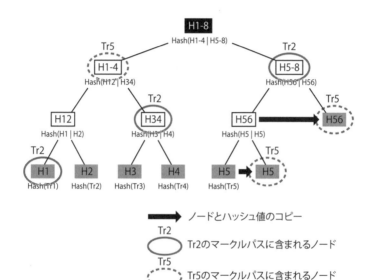

図7.5●マークル木とマークルパスの例（Trが5個の場合）

注1： 各ノードのラベルは付与されたハッシュ値で、例えば H1, H5 はそれぞれ Tr1, Tr5 のハッシュ値で、具体的な値をノードの下に記載してある。また、Hash は SHA256 を2回適用する関数である。

注2： ｜は文字列の連結を表す。

注3： 煩雑化を避けるため、コピーされたノードのラベルの具体的な値の記載は省いた。

　ある Tr がブロックに間違いなく存在していることを確認し証明するために必要なマークル木内のハッシュ値の順列をマークルパスと呼び、以下の通り定義する。マークル木において、ある任意の Tr に対応するノード（これを起点ノードと呼ぶ）の兄弟にあたるノード（起点ノードの親ノードが持つもう一つの子ノー

ド)をマークする。このマークしたノードの親ノードの兄弟にあたるノードもマークする。このマーク付けを根ノードまで繰り返す。このようにマークが付けられた全ノードに付与されているハッシュ値の順序リストをマークルパス(検証のためのパス)と呼ぶ。このマークルパスは、7.1 節で述べた通り、軽量ノードがフルノードから受信する情報の一部である。図 7.5 では Tr2 と Tr5 に対応するノードの各マークルパスに含まれるノードも示す。

　各ノードへのハッシュ値の与え方から理解できるように、マークルパスを用いて起点ノードからマーク付けしたノードのハッシュ値を順次連結してハッシュ値を計算するという操作を最後まで繰り返すことによって得られるハッシュ値はマークルルートになる。5.2 節で述べた通り、マークルルートはそのブロックのヘッダの一部に格納されているので、これが起点ノードの Tr とマークルパスから得られたマークルルートと一致すれば、起点ノードの Tr がそのブロックに間違いなく存在することを確認し検証できる。

　7.1 節で述べた通り、軽量ノードは全ブロックのヘッダを保管しており、フルノードから、

① 自ノードの BA とダミー BA から作成されるブルームフィルタに合致する全
　 Tr、
② ①の各 Tr を含むブロックのヘッダ、および
③ ②の各ブロックのマークル木において、①の各 Tr から根ノードまでのマー
　 クルパス

を受信する。

　これらの情報を受信した軽量ノードは、まず①の各 Tr の中味を調べることによって、自ノードの BA を含む Tr だけを抽出する。次に、抽出した各 Tr を含むブロックのヘッダを②から取り出し、保管しているブロックヘッダの中にあることを検査して、受信したブロックに関する情報が架空のものではないことを確認する。その後、抽出した各 Tr が間違いなくブロックに含まれていることを確認するが、これを効率よく実現するためマークル木を活用する。そのため、最初に

抽出した各 Tr のハッシュ値を計算する。そして、このハッシュ値を③のマークルパスに含まれる最初のハッシュ値と連結し、その結果のハッシュ値を計算する。この後、計算して得たハッシュ値をマークルパスの次のハッシュ値に連結して再度ハッシュ値を計算するという処理を最後のハッシュ値まで順次繰り返す。マークルパスの定義から分かる通り、この繰り返しの結果得られるハッシュ値は②のブロックヘッダにあるマークルルートに一致するはずである。つまり、この一致が得られれば、マークルパスに含まれるハッシュ値はすべて正当であり、対象とした Tr がそのブロックに確かに含まれていること、および Tr の中味が正しいことを検証できたことになる。このような Tr の存在と正当性の検証をマークル検証と呼ぶ。

図 7.5 の例で、Tr2 に対応するノードはラベル（ハッシュ値）が H2 のノードで、その祖先ノードのラベルは根ノードを除き H12, H1-4 で、H2 とこれらの兄弟にあたるノードのラベルは H1, H34, H5-8 となる。したがって、Tr2（H2）のマークルパスはハッシュ値の作成順序に基づくリスト（H1, H34, H5-8）となる。Tr2 のハッシュ値 H2 と Tr2 のマークルパスに含まれるハッシュ値（H1, H34, H5-8）を順次連結してハッシュ値を求める処理を繰り返すと、最後のハッシュ値 H1-8 がマークルルートに一致することは容易に理解できる。つまり、このハッシュ値計算結果とマークルルートとの一致を検査することによって、Tr2 がブロックに存在するか否かを正しく判定することが可能である。他の Tr についても同様であるが、例えば Tr5 のマークルパスは、図 7.5 の通り、コピーされた H5, コピーされた H56 および H1-4 となる。

このようなマークル検証は効率に優れているが、効率化のポイントは次の 2 点にある。

- バイナリーサーチ（探索の常とう手段である）
- ハッシュによる情報の圧縮（サイズが大きな Tr やブロックでも短時間に処理可能である）

マークル検証を使用しないで与えられた Tr がブロック内に間違いなく存在す

ることを検証する方法として、フルノードが軽量ノードにブロック内の全 Tr を送信し、そのブロック内の Tr を軽量ノードが逐一検査する方法を考え、マークル検証と効率の比較を行う。ブロック内の各 Tr を逐一検査する方法で必要となる情報量は、例えば、ブロック内 Tr 数が 1,000 で各 Tr のサイズが 1,000 バイトの場合、ブロックの大きさは約 1 MB となる。一方、マークル検証に必要な情報量は、マークルパスに含まれるノード数が $\log_2(1{,}000) = 10$ 程度であり、ハッシュ値は 32 バイトなので、フィルタの条件を満たす Tr が 1 個の場合、マークルパスが約 32 × 10 バイト、Tr が約 1,000 バイト、合計約 1,320 バイトであり、大幅に少ないことが分かる。BTC が利用するネットワークは様々であるが、伝送速度が遅かったり伝送誤りが生じて再送が起きたりする可能性があるので、ネットワーク負荷の観点からも転送すべき情報量はできる限り少ないことが望ましく、マークル木を活用した検証方法が極めて優れていることが理解できる。

　なお、転送すべき情報量を最小にするという観点からは、BTC で採用したマークル木は必ずしも最適ではない。図 7.5 の例から分かるように、このマークル木ではノード（とそのハッシュ値）のコピーを無駄に作成することがあり、結果的にマークル木に含まれるノードの個数が無駄に増え、転送するマークルパスに含まれるハッシュ値が多くなる場合があるからである。実際、容易に想像できるようにマークル木は図 7.5 の他にもいくつか考えられ、マークルパスに含まれるハッシュ値の個数が最小で転送情報量が最少になる最適な木は平衡二分木である。平衡二分木は根ノードから各葉ノードまでに至るリンクの本数（これを深さと呼ぶ）の平均値が最も小さい二分木であり、葉ノードの深さの最大値と最小値の差は高々 1 である。図 7.5 と同じ 5 個の葉ノードを持つ平衡二分木の例を図 7.6 に示す。BTC で平衡二分木を採用しなかった理由は不明であるが、平衡二分木と BTC のマークル木による葉ノードの深さの差がそれほど大きくないため転送情報量の差が小さく、BTC で採用したマークル木を構築するアルゴリズムがより単純と判断したからだったかもしれない。

　これまでの説明を総合すると、ブロックをヘッダとボディから構成することの理由・意義が理解でき、次の通り整理できる。この整理結果から、ブロックのヘッダのハッシュ値をブロックハッシュと呼ぶことも理解できるであろう。

- ユーザが携帯機器やパソコンなどを BTC のノードとして使う場合、フルノードでなく軽量ノードとなる。

- 軽量ノードでは、例えば残高を効率よく管理するためマークル検証を行う必要がある。

- マークル検証の実現には、Tr 以外にマークルパスとマークルルートがブロックに必要である。

- 一方、ブロック間に親子関係を持つためには、子ブロックが親ブロックのハッシュ値を持つ必要がある。

- マークルルートがブロック内全 Tr のハッシュ値であるので、親子関係のための親ブロックのハッシュ値は全 Tr を対象とする必要がない。

- そこで、ブロック内の全 Tr からボディ部を構成し、それ以外のブロック内情報からヘッダを構成することとし、親子関係のためのブロックのハッシュ値はヘッダ部のみを対象とすれば十分となる。

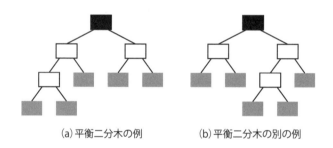

(a) 平衡二分木の例　　　　(b) 平衡二分木の別の例

図7.6●平衡二分木の例（Trが5個の場合）

第8章

. . . .

ブロックチェーンの
応用と動向

8.1 応用と動向の概要

　ビットコイン（BTC）の中核技術であるブロックチェーン（BC）は、その価値や有効性が広く認識され応用の検討が急速に拡大している。一般に、BC の採用や応用にあたっては、対象とするシステムやサービスに係わる機能・性能・効率・コスト・拡張性・安全性など多様な観点から従来技術との比較を行って総合判断することになる。大雑把に現状を見ると金融分野での応用が最も進んでいるが、その他の分野では開発・実証実験段階が多く模索中でもある。世界を見渡すと、欧米での取り組みが特に積極的で実用化も進んでいる。大企業による取り組みもあるが、やはり小回りのきく新興企業の活躍が目立つ。最近は中国の勢いが増しており、国家戦略としても BC を重要な技術と位置づけている。国内での取り組みは慎重な印象が強く、調査検討中の企業が多い。全体的な傾向としては、欧米では特定の集中管理組織が存在しないパブリック型から一つの組織による管理が行われるプライベート型まで多種多様であるが、国内ではどちらかと言えばプライベート型またはいくつかの組織の連合によって運用管理するコンソーシア

ム型が多いようである。

　BCの応用によって、仮想通貨を初めとして従来なかったサービスや機能が実現可能になったものの、法的な面や規制の検討は遅れており後追いの傾向にある。例えば、仮想通貨について中央銀行やそれに相当する組織は調査検討を進めてきたが、明確な対応を決めたり実行したりすることはほとんどなかった。一方、SNSを提供する巨大IT企業のFacebookが仮想通貨の構想を2019年に公表した。加えて中国がデジタル人民元の企画を発表した。これらを機に日本と欧州などの6か国の中央銀行などが仮想通貨の発行を視野に入れて共同研究を開始した。法定通貨と異なる点が多い仮想通貨を国家レベルで実用化するうえでは、既存の法定通貨や仮想通貨との関係を含め、不要なトラブルを避けるためにも様々な検討や法制度の整備などが必須で、国家間での共同的な取り組みと各国独自の取り組みの両者が並行して進むことになろう。

　BCの応用について積極的でかつ広い取り組みが進んでいる理由は、これまでの技術では達成できなかった多様で有効な機能や特性がBCによって実現可能になったことにあると考えられるが、BCの特徴的な機能や特性については第7章までに説明した。その結果を整理してまとめると表8.1の通りである。

表8.1●BCの特徴的な機能と特性

特徴的な 機能や特性	説明
不要な中央組織	運用の担当や信用の担保のための特別な中央組織が不要で、参加者が分散して共同処理を行うことによって、仮想通貨の発行や取引の決済（承認）を可能とする。
分散取引台帳	取引記録 Tr は複数個単位でブロックにまとめられ、ブロックを連結する1本の鎖状のデータ構造の BC によって各ノードで漏れなく時系列的に管理され公開される。
スマートコントラクト	BC に記録される情報は基本的には Tr であるが、他への応用が容易に可能で、特にプログラムに応用しかつプログラムを実行する機能を盛り込んで実行結果をも記録の対象とすることができ、これによって応用が飛躍的に拡大する。詳細は付録 C で説明する。

特徴的な 機能や特性	説明
安全性	各取引は参加者によって検証を受けるうえ、多重使用のような不正が極めて困難であり、取引の記録を改ざんすることも現実的に不可能で、安全性が高い。

　これら特徴的な機能や特性を活かした応用は極めて広い。次節以降、応用とその動向などを以下に示す分類に応じて説明する。

　① 金融分野への応用と動向

　② 公的分野への応用と動向

　③ 製造流通分野などへの応用と動向

　④ 国際標準化組織と業界団体の動き

　なお、本書の対象外であるため詳細な説明は省くが、BC の採用や応用によってシステム設計が一変する可能性が出てきた。これまでのシステム設計では、業務を起点としてシステムを設計するという方針が採用されてきた。今後は、逆に BC をベースにしてシステム間での共有データ構造をまず定義し、そのデータ交換のための共通ソフトウェアを準備して、その周辺に業務システムを連動させるというシステム設計の可能性が出てきた。つまり、共有データ構造に直接係わるデータアクセス管理、ロールバック、機能拡張の準備などは共通のミドルソフトウェアとして実現し、各業務に固有の機能のみを追加で開発していくという新しい方向である。この新システム設計によって共通ミドルソフトウェアの共用・再利用が可能となり、開発規模の適正化（最小限化）、開発効率（コスト・期間）の向上が期待できる。

8.2 金融分野への応用と動向

　金融業界では、2000年頃からICT（Information and Communication Technology）を活用することによって革新的な新規金融サービスの開拓および金融システムの構築と運用の効率化を目指してきており、金融（Financial）と技術（Technology）の融合（Fintech）に取り組んでいた。そのような時期に仮想通貨BTCを実現するBCが開発・実用化され、運用実績から仮想通貨としての有効性や安全性について一定の信頼を得たと判断して将来性を高く評価する金融機関が多く、金融分野への多様な応用が急拡大している。結果的に、BCとFintechは互いにサポートしつつ利用しあっているようにも伺えるが、商用化が著しい仮想通貨を除き調査検討から実証実験の段階が少なくない。それらの概要は以下のとおりである。

8.2.1 仮想通貨

　通貨としての信頼に基づき、BTC以外にも非常に多くの仮想通貨が発行され、物品やサービスへの支払い取引などに利用されている。これらは既存の法定通貨とは独立に成り立ち得るものであるが、実際には法定通貨との交換が可能になっており、その結果投機も含め利用が拡大している。例を挙げると、Ethereum、Ripple、Bitcoin cash、Litecoin、EOS、Binance Coin、Bitcoin SV、Cardano ADA、Stellarなどがあり、現在2,000を超える仮想通貨が存在している。これらでは『仮想通貨』の代わりに、株式・債券・不動産・特許・サービス利用権など通貨以外の価値をも包含した概念を意味するトークン（token：電子記録移転権利）と呼ぶことが多い。これらはすべて民間組織が仮想通貨やトークンを発行し運用するための企業を新たに立ち上げてスタートしたものである。類似の通貨もあるが機能や特性に関して独自色を出すことによって生き残りをかけた活動が進められているが、過熱な投機の対象となって通貨としての本来目的からずれている感もある。なお、後述するセキュリティトークンと区別する場合にはトーク

ンをユーティリティトークン UT（Utility Token）と呼ぶこともあるが、これらの名称が定着したわけでもない。

　一方、銀行などの金融機関においても様々な検討や実験が進められている。例えば三菱 UFJ 銀行では自行内で独自仮想通貨を実験中であり、住信 SBI ネット銀行では勘定系システムへの BC の応用実験を進めている。

　このような流れと並行し、国家として仮想通貨を発行し運用するという動きも始まっている。その代表は中国によるデジタル人民元（DCEP：Digital Currency Electronic Payment）であろう。中国では、国としての中央銀行に相当する中国人民銀行が 2014 年頃から専門チームを設けて検討を開始し、2017 年に研究所を立ち上げて仮想通貨の実現に向け鋭意準備を進めており、2019 年 10 月には DCEP の開発を正式に公表して 2020 年 6 月に実証実験を開始した。DCEP が正式に実現すると法定通貨になると考えられるため、少なくとも中国内での通貨が DCEP に統一されて急速に普及し、その為替レートは中国政府が後ろ楯となるため他の仮想通貨に比べてはるかに安定すると予想される。法定通貨の仮想通貨化によって、すべての国民や国内組織のお金の流れが電子化され監視が可能になるとの指摘もあるが、税徴収の容易化・脱税防止・マネーロンダリング回避・給付金の容易化などの効果も得られる。中国の国際的な影響力の増大に伴って国際決済での DCEP の利用が拡大する可能性もあり、現在の米ドル中心の国際決済に大きな影響を持つこともあり得る。

　一方、Facebook は、2019 年 6 月に Libra という名称の新たな仮想通貨を 2020 年に発行し運用を開始するという構想を発表した。Facebook はグローバルな巨大 SNS（Social Network Service）提供会社であり、Libra によるインパクトは他の仮想通貨に比べて桁違いに大きい可能性があるため、世界的な波紋を呼び各国での議論を巻き起こすこととなった。特に通貨流出やプライバシーに係わる安全性の問題、マネーロンダリングのような不正利用の可能性が指摘され、法整備や規制を含めた検討が各国で活発化している。

　中国による DCEP および Facebook による Libra 構想の発表を契機とした動きの一環として、国家によって仮想通貨を発行し運用する動きの検討が強まっている。例えば、日本と欧州の中央銀行は 2016 年頃から仮想通貨について検討を始

めており共同報告書を発行したが、2019 年には日本・スェーデン・カナダ・スイス・イギリスの中央銀行、欧州中央銀行、国際決済銀行が連携して国家レベルの仮想通貨についてさらに具体的に取り組む方針を採用して、実用に向けた研究を進めるワーキンググループを結成した。

なお、国産による仮想通貨の初の実用化は、会津大学構内の食堂と売店での利用が 2020 年 7 月 1 日に開始したデジタル地域通貨『白虎 /Byacco』で [27]、これはベンチャー企業ソラミツなどによって開発された。

8.2.2 資金調達

BC の拡張の一つとしてスマートコントラクトがある。8.1 節で触れ、8.4.2 項でも触れるが、スマートコントラクトは Tr の代わりにプログラムを BC で扱えるように拡張したもので、契約をプログラム化し、その実行と実行結果の管理までをも BC 応用システムとして包含する。スマートコントラクトについてのより詳細な総合的説明は付録 C で行う

このスマートコントラクトによる応用は極めて広いが、金融分野における例として、まず crowdfunding を実現したシステムが挙げられる。crowdfunding は、新製品・新サービスの開発や実現など特定のプロジェクトに必要な資金をインターネット上の公募によって不特定多数の個人や組織から広く集める資金調達方法である。銀行や証券会社などの金融機関を介さないため、敷居の低さ（調達しやすさ）・迅速さ・低コストなどの特長があり、近年注目を集めている。このような crowdfunding がスマートコントラクトの応用としていくつか実現されており、最も有名な実例として The DAO が挙げられる。The DAO は、BC にスマートコントラクト機能を組み込んだシステム Ethereum のうえに構築された。しかし、契約プログラム自体に脆弱性（バグ）があり、それを突かれた不正攻撃によって大量の通貨が流出するという事件が起き大きな注目を浴びることがあった。この事件では BC が改ざんされたわけでなく BC 自体の信頼性や安全性を揺るがすことには至らなかったが、スマートコントラクトにおいて契約プログラム自体の信頼性や安全性は当然保証されないという事実を再認識することになったと言え

よう。

　BC で扱う対象を通貨でなく、株式・サービス利用権など何らかの資産や権限を表現し価値移転を容易にしたトークンについての検討が行われている。トークンのうち特に取引可能な資産によって裏付けがある場合はセキュリティトークン（ST：Security Token）と呼ばれ、STO（ST Offering）と呼ばれる資金調達に応用する実証実験が進んでいる。これによって、マニュアル作業が煩雑になりがちな資産取引が簡素化し、同時に法令順守（コンプライアンス）の機械化も図れるため、様々な資産の流動性が高まると期待されている。海外での事例が多いが、国内でも MUFG（三菱 UFJ フィナンシャルグループ）が KDDI・NTT・アクセンチュアなどと ST 研究コンソーシアムを 2019 年に立ち上げ、BC をベースとした金融取引プラットホーム Progmat の 2020 年度内実現を目指している。なお、「セキュリティトークン」はまだ明確に定義された用語ではなく、ワンタイムパスワードのような安全なアクセス管理のための認証デバイスを意味する用語でもあるので、注意が必要である。

8.2.3　その他の金融分野応用

　8.2.1 項の仮想通貨と深く関連するが、支払と受領には通常の法定通貨を利用するものとし、支払いの法定通貨をいったん仮想通貨に変換し BC を応用して送金した後法定通貨に逆変換して受領可能にするというサービスが始まっている。現行の送金システムに比較すると、通貨としての機能と特性を満たしているうえコストと処理速度の点で優れており、特に国際送金でその差が顕著である。具体例としては米国 Align Commerce 社の国際送金サービスが挙げられる。

　一般に、国際での取引や決済は、関与する組織が多く手続きが相手の国や組織に応じて異なることもあり総じて煩雑になり時間もかかることが多く、リスク回避のため信用状を利用することがある。しかし、信用状自体も郵送やメールによるため手間や時間がかかるという欠点がある。これを解決するため BC による『分散取引台帳』の特性を活かし、関与する多数の組織の間での取引や決済に係わる情報の共有を迅速にかつ正確に実現することを目指した取り組みの検討が行われ

実証実験も進んでいる。具体例としては、Bank of America が多数の特許を出願して貿易金融の実証実験に取り組んでおり、R3 社主導による実証実験プロジェクト「Marco Polo」にも参画している。

一方、IBM は BC の応用として、顧客が持つ複数の債務や債権をまとめて整理し 1 回の決済ですべてを同時に処理する相殺決済サービスを 2018 年に開始した。このサービスは CLSnet と呼ばれ、Goldman Sachs 社や Morgan Stanley 社などが利用している。これによって、従来マニュアルで行っていた相殺決済サービスの自動処理化が可能となりコストの大幅な削減が可能になった。

8.3 公的分野への応用と動向

8.3.1 文書の管理

取引記録 Tr の代わりに文書を BC で管理することによって文書の存在や内容を証明するサービス（公証）の検討や実験が始まっている。例えば、不動産の売買・賃貸借、土地境界の合意、金銭の貸借、遺言などに関し将来の争いを未然に防ぐために有力な一つの方法は内容を文書として保存することであり、公証人が作成する公正証書とすること、公証役場で証明を得ること、および第三者機関が発行するタイムスタンプサービスを利用することが有力である。しかし、いずれも手間やコストがかかるので、大量となる文書ではあまり現実的とは言えない状況にある。そこで、文書を電子化したうえで BC を使って管理する方法が、耐改ざん性に優れ管理開始後いつでもアクセス可能であるうえ低コストが期待できることから有力視されている。

実例としてオープンソースプロジェクト Fantom がある。Fantom では対象とする文書をハッシュ化してハッシュ値を BC で管理し、実際の文書は別途保管する。これによって大量の文書でも BC 自体の規模は小さく保つことが可能で、手続きが簡単であるうえコスト削減も実現できると期待されている。

8.3.2　知的財産権の管理

　近年、著作権や工業所有権などの知的財産に係わる権利や扱いの厳格化が進んでいるが、BC の応用によって公証性をより確実にする考えがある。作品の著作権については権利の所有者と権利が発生した日時が重要な情報であり、それを客観的に証明できる必要がある。そこで、何らかの方法で作品を電子化してコンピュータで扱えるようにし、その権利に係わる重要情報を組み合わせて BC で一括管理する方法が著作権などの管理に有効となる可能性がある。この応用を『スマートプロパティ（smart property）』、『provenance（由来）』と呼ぶことがある。これによって第三者機関を介することなく著作権を実効的に管理でき、迅速性やコストなどの点で優れた方法になると期待される。また、過去の著作物との照合によって同一性の判定も容易になると期待できる。しかし、BC によるこの方法が社会で認められるためには法的整備が必要であり、まだ相当程度の時間を要するであろう。

　具体的な事例としては、アメリカの Blockai 社が BC を使って著作物を登録管理するサービスがある。日本ではソニーがデジタルコンテンツの著作権管理システムを開発している。

8.3.3　投票（選挙）

　投票者数が多くなって投票の規模が大きくなると、投票は投票案内（投票権）の配布から集計までの作業が煩雑になり混乱が生じて再集計などが必要になることも珍しくない。この問題を回避する方法として、投票権の配布・投票・集計を BC の応用によって実現する投票システムの構築が進められている。原理的には、例えば、BC における新規通貨の発行を投票権（トークン）の配布に、取引による支払いを投票権の行使による立候補者や提案への投票に、取引における受領額の合計処理を立候補者や提案賛否ごとの投票数の集計に、それぞれ対応させることによって投票システムが実現できる。現状の投票方法に比較すると、投票案内の郵送が不要になる、投票者が会場まで出向く必要がなくなる、集計が機械的に

行えるなど、多くの長所が考えられる。その結果、投票のコストやマニュアル作業が大幅に削減でき投票を必要に応じて迅速に実施できる可能性があり、議員や代表者を仲介することなく民意や関係者の総意を法案などに直接反映しやすくなるものと期待される。

　しかし、大前提として投票者がBCによる投票システムに安全で確実にアクセスできる環境を整えることが必須であり、すぐに実施するためにはこれが現実的な難題となる。具体的には、例えばパソコン・スマホ・タブレットなどの何らかの端末が各投票者の身近にあり、かつ各投票者が公開鍵暗号方式に基づく秘密鍵を安全に管理し使える状態にあることが必要不可欠になるが、現状においてこの完全な実現は非常に困難であろう。なお、BCの記録は公開されるため、誰が誰に投票したかが公開とならないような秘匿性を確実に実現するための技術も必要である。

　投票へのBCの応用例として、2018年のアメリカのWest Virginia州での中間選挙が挙げられる。この選挙では、海外に派遣されていた軍関係者とその家族を対象にした不在者投票がBCを応用した投票システムによって行われた。投票用紙の海外への郵送などが不要になり、国民の基本権利の一つである投票が海外から容易に実施できた。日本でも、つくば市においてBCとマイナンバーカードを利用した投票システムの実証実験が行われている。

8.3.4　個人IDの管理

　難民となったり何らかの事情で出生届が提出されていなかったりして政府発行の個人IDを持たない者は、世界人口の約1/6に及ぶと言われている。この問題の解決を目標とする人権保護プロジェクト『ID2020』が発足して身分証明を与え始めている。このプロジェクトを支援するため、Microsoft社はBCの分散台帳機能を活用することによって記録の改ざん・逸失やなりすまし・二重登録を防ぐことが可能なデジタルIDシステム『Azure』を構築しており、すでに登録者は130万人を超えた。Azureでは個人IDに係わる情報のアクセス範囲をID本人が決定できる。本来ID管理は中央集権型向きと考えられてきただけに、この

応用は特異ではあるが注目に値するとも言えよう。

8.4 製造流通分野などへの応用と動向

8.4.1　物品・流通の管理

　特に価値や品質などの特性を重んじる物品の特性を保証するための情報を BC で管理するサービスや機能が実用化されている。高価な物品の例としては不動産・貴金属・絵画などがあり、また、品質を重んじる物品の例としては生鮮食料品・各種工業製品などがある。BC を使って、これらの物品に関する生産／加工（業）者・生産／加工場所・生産／加工年月日・使用材料／薬品／肥料、流通経路・流通年月日・保管状況・物品状態・運搬時管理状況（温度・湿度・衝撃など）、品質鑑定情報・特徴などの管理情報を物品と共に管理するシステムの実用化が始まっている。このようなシステムをサプライチェーン管理システムと呼ぶことがある。このシステムによって、多量の物品のオープンで確実な管理の低コスト化が実現し、取引における透明性や安全性の向上が可能となって健全な取引の発展が期待できる。万が一物品の価値や品質に関し疑義が発生した場合には、鑑定情報や流通経路などをトレースすることによって原因や責任の所在を明らかにして迅速で適切な対処が容易になる。

　このような管理を実現するためには、BC はあくまでもコンピュータ上の仮想世界での情報とその処理であるため、現実世界の物品と仮想世界での情報とが正しく対応付けされることが大前提となる。例えば高価な貴金属として金塊を例に挙げると、その金塊が BC で管理している情報の物品と同一であることを保証できる必要がある。このための技術は必ずしも開拓されてはいない状況にあり研究開発が急がれる。

　具体的な実例としては、イギリスの Everledger 社によるダイヤモンドの品質情報などを BC で管理するサービスがあり、主な利用者は鑑定組織や保険会社で

ある。仮想世界の情報と現実世界の物品とを対応付けるため、このサービスでは物品であるダイヤモンドに関しシリアル番号・カラット数・カット法など 40 項目以上の特徴情報を品質情報などと合わせて管理しており、一部の特徴情報が物品から削除されたり変更されたりしても他の情報から識別できるように配慮している。

同様に BC を流通と小売りに活用する他の例として、VeChain Thor と Tael という名称のプロジェクトがある。前者は特に偽造品（偽ブランド商品）の排除を目指しており、後者は粉ミルクなど乳児用製品の確実な安全化を目標にしているが、技術的には類似と推測される。

ここで、近年取り組みが進んでいる IoT（Internet of Things：モノのインターネット）と BC の連携について簡単に紹介する。IoT は、コンピュータやスマホなどの所謂電子機器に限らずあらゆるモノをインターネットで接続することを指すが、様々なデータの取得・収集からそれらデータの活用による各種機器の制御までを効果的に実現するための研究開発が急速に進んでおり、そのような概念やシステムをも意味することがある。一例を挙げると、工場において製造される物品の品質管理、製造機械の予防保全や異常発生時の迅速な対応を可能にするため、物品の品質状態・製造機械の動作状況・流通過程における物品の管理状況などをモニタする各種センサを設けて品質や動作に係わる多様なデータを必要な都度収集し、それらデータから必要な制御や対応を判断し実施する総合的なシステムの構築が進んでいる。

このようなシステムは、モデル的にはセンサ・処理装置・アクチュエータから構成され、センサから得た各種データを処理装置に送って状況に応じてとるべきアクションを決定し、それを指示する情報をアクチュエータに送ってオペレータへの警告・機械の制御・保全に必要な予備品の準備などの必要な対応を漏れなくかつタイミングを失することなく実施する。ここで、センサ・処理装置・アクチュエータ相互の間でのデータのやりとりに IoT が利用される。

このような物品・流通の管理以外にも、例えば、家庭においてエアコンや風呂設備を遠隔で制御することによって帰宅時に最適な室温や湯温を実現すること、農業において気象状況や農作物の生育状況を基にした温湿度制御・肥料調整など

の最適な栽培を図ること、自転車・車などのシェアリングにおいて自転車や車の空き状況と利用希望とのマッチングを図り利用効率や需要満足度を高めること、きめ細かく広域に設置した気象センサから集めた気象データをリアルタイムで分析し天気に関する予報データを作成し物品の製造や人間の行動に活用することなど、多くの業界で IoT の様々な利用の取り組みが進んでいる。

このような IoT の実現にあたっては、応用個別の課題だけでなく、多くの応用に共通の課題もある。共通の課題の例を挙げると次の通りで、これらは BC の機能や特性を活かすことによって解決できる可能性があると期待されており、IoTと BC を融合した連携についての研究や実験が開始している。

- データの可用性と完全性の確保
  各種のモニタやセンサから得られるデータを漏れなく確実に取得でき、しかも改ざんされないことが必要である。
- セキュリティの維持
  各種データへのアクセスについては、状況に応じた認証・認可が必要になり、漏洩を防ぐための暗号化が必要なこともある。
- プライバシーの確保
  写真データや位置データなど個人の特定に繋がるデータについては、プライバシーを侵さないように秘匿化することが必須である。

以上の他、決済との相性の良さや低コストでの実現など BC ならではの特長を活かせる可能性も高く、IoT と BC の連携による応用は今後の発展が期待される。

一方、IoT と BC の連係動作には技術課題もあり、具体例を挙げると次の通りで、これらの解決に向けた検討も進んでいる。

- 処理データ量
  例えば、センサから取得するデータの蓄積量が増大して BC で直接扱うのに不都合が生じ得る。このため、別のデータベースに保管するオフロード策などが必要となる。

● 処理性能

BTC の BC では、ブロック生成間隔が約 10 分で Tr の承認確定には約 1 時間を必要とするうえ、単位時間当たりの承認確定 Tr 数にも限界がある。IoT の応用によっては、所要時間の短縮によるリアルタイム性の実現や処理能力の拡大が必要となる。

なお、これらの課題と解決案については 9.6 節でさらに具体的に説明する。

8.4.2 契約の管理と実行

8.2.2 項で BC の拡張「スマートコントラクト」を簡単に説明したが、これは金融分野に限定されず様々な契約やその履行の管理に活用することができ、8.3.1 項の文書管理をその一部ととらえることも可能である。以下ではより一般化した説明を行う。

一般に、取引においては契約を伴うことが少なくない。契約は口頭の場合もあるが文書にするとより確実になる。このような契約文書を電子化して、その存在や内容を BC で管理することにすれば、BC が持つ耐改ざん性や分散台帳機能によって契約がさらに確実になる。また、契約をプログラム化し実行条件をも電子化して BC に組み込めば、条件が成立した時点でのプログラムの実行によって契約を自動的に履行することが可能となり、さらにその履行結果も BC で管理することによって、契約の締結から履行までの処理と任意時点での契約の履行状況の確認が可能となる。このようなスマートコントラクトによって契約の確実化と低コスト化が達成でき透明化も増すことになる。この実現の鍵は契約のプログラム化と契約履行の条件設定にあり、様々な契約を対象とするための研究が必要である。また、このような契約の扱いが法的には認められていないため、その整備が急務でもある。

例えば、Visa 社では車の保険やリースの契約を BC で管理する試行を進めている。この試行では車内での端末の操作によって車の保険とリースに関する契約を申請し締結することが可能で、契約内容は直ちに BC で管理され始める。

一方、2018 年にスペインで設立された Robot Cache 社は、中古のゲームソフト販売に BC を活用している。新ゲームソフトは通常 Web サイトからのダウンロードで簡単に購入できるが、中古ゲームソフトは再活用されることが少なく市場自体があまり大きくない。その理由は、たとえ正当な中古ソフトでもそれを証明する仕組みが存在しないため不正な売買が行われやすいからである。また、ゲームソフトメーカにとっては、中古ソフト市場の成長は新ゲームソフトの販売減少を招き収益の悪化に繋がる可能性があり消極的にならざるを得なかったからである。Robot Cache 社はこのような問題を BC の活用によって解決することを目指している。具体的には、BC の耐改ざん性と多重使用防止機能によって不正な取引を不可能にするとともに、中古ゲームソフトの売買が成立するとゲームソフトメーカに購入代金の一部を還元する。このアイデアによって、中古ゲームソフトの市場を成長できると考えている。なお、Walmart 社にも BC を使って中古品の売買を開始する同様な計画があると言われている。

ドイツの Slock 社は、BC の応用によって自転車やホテル部屋などの様々な物件の賃借を管理するシステムの運用を進めている。基本的には、物件を所有し提供する貸与者が貸与条件を設定し募集を公開する。借用希望者はスマホを使って公開された物件情報にアクセスし、仮想通貨で必要な料金とデポジットを支払うことによって賃借の契約を成立させ借用権を受領する。これらの支払いや契約はすべて BC に記録される。借用権を現場で行使することによって物件を実際に借用する。借用が終了すると、BC の記録を基に契約の完了処理が行われて借用権が消滅するとともに、デポジットの清算が行われて終了する。

近年、世界的にネット販売の利用が飛躍的に拡大している。そこで扱われる商品が電子データ化できる場合、契約と支払いだけでなく電子データによる商品の引き渡しまで電子化することが可能で、これらを BC 応用として実現することが始まっている。例えば、音楽・絵画・動画（映像）・各種ソフトウェアなどのコンテンツは、アクセスやダウンロードの料金がその利用の仕方に基づく回数や時間／期間に応じて決まることがあり、それらの管理をすべて BC の応用として実現するものである。

Ethereum のスマートコントラクトを応用することによって、コンピュータの

処理能力やストーレッジなどのリソースをダイナミックに利用可能とするサービスであるクラウドシステムを実現する動きが始まっている。基本的な仕組みは、リソースの使用に関する契約を結び契約を実行することでリソースを使用し、使用後リソース提供者がリソース利用者から仮想通貨で対価を受け取ることである。この仕組みを実現したシステムを分散型コンピューティングプラットホームと呼ぶ。具体例として iExec がある。

　さらに、個人の家庭や企業での発電余剰電力の売買への応用も検討が進んでいる。例えば、余剰電力に関する情報を BC に登録し公開することによって需要を募り、BC 上で売買を成立させ利用可能とする。

8.4.3　各種情報の管理

　BC が持つ耐改ざん性や透明性などの特性を活かし、様々な情報を効率よく管理するシステムの検討が広く進んでいる。いくつかの具体例を挙げると、次の通りである。

○ 医療関連情報の共有管理
　医療保険業界では複数の保険会社の間での顧客情報の共有ができておらず、保険金の支払いを含む処理の効率が悪いという問題が続いてきた。これを解決し保険処理の健全化と業界全体の発展を目指し、BC の活用によって競合する保険会社間で情報の共有を図る動きが出てきた。その一例では、IBM が中央に位置して BC の運用管理を担当し保険会社間での連携を進めている。また、IT 立国のエストニアでも、国民の生涯を通じた医療データを BC で管理する試験を行っている。

○ 自動運転車のセキュリティ確保
　自動運転車の実用化が始まっているが、自動車自体の状態や周囲の状況に関する情報が改ざんされて事故や悪用に至る恐れが払しょくできていない。デンソーでは、耐改ざん性に優れているという BC が持つ特徴を活かすこ

とによってこの問題の解決を図る検討が進んでいる。また、事故に巻き込まれた場合、自動車自体の状態の履歴情報や保守状況情報を活用することによって、事故原因の究明に役立てることを狙っている。

○ 成績記録管理

アメリカのサンフランシスコ大学では学生の成績の記録管理に BC を活用しており、特別なデータベースとその運用管理を省きコストを低減できたとしている。

一方、教師と学生とのマッチングを取り、学生が受講した記録を BC で残し管理するプラットホームのプロジェクト ODEM（On-Demand Education Marketplace）が進んでいる。例えば、煩雑な手続きが必要な学校に通わなくても著名な教育者から教育を受けたという証が得られ、高等教育の一つの選択肢が増えることを狙っている。

8.5 国際標準化組織と業界団体の動き

BC についての国際標準化の動きはあるが、まだ必ずしも順調に進んでおらず BC という用語の定義すら固まっていない状況にある。BC が考案されてから 10 年強であり期間が短いうえ、膨大な数の BC の実用化と並行して BTC のように分裂を繰り返す状況もあるなど技術の発展や応用の拡大が急激な中、標準化の対象や範囲を含め標準化はまだ尚早との考えもあり、それらの整理自体が今後の課題でもある。一方、商業主義の結果として標準化を急いで拙速な標準ができて混乱を招くなどの懸念もあり得る。いずれにせよ BC の展開が著しいことを踏まえ、例えば複数の BC が相互接続され BC 応用が円滑な連携動作を取ることによって、一つの BC と同様の、あるいはそれ以上の機能・性能・特性が得られるような標準が制定されて各 BC で採用されることが期待される。つまり、的確な内容を持つ標準が適切なタイミングで制定されることによって、BC の発展と応用が一層

促進されると期待される。

　その一つの動きとして、国際標準化機構（ISO）ではブロックチェーンと電子分散台帳技術（DLT：Distributed Ledger Technologies）に関する専門委員会 TC307 を 2016 年に設置し標準化の議論を進めている。これに呼応して日本工業標準調査会（JISC：Japanese Industrial Standards Committee）が審議会を設置し、関連組織や企業と連携して標準化への取り組みを開始した。具体的には、関連用語の定義、システムの構成、スマートコントラクト、セキュリティ対応、相互運用性など広い範囲での議論が進んでいる。大きな流れとして、2021 年以降に国際標準が制定されていく見通しにある。

　ISO の他、インターネットに係わる技術の標準化を進める IETF（Internet Engineering Task Force）、アメリカに本部がある学術団体 IEEE（Institute of Electrical and Electronics Engineers）、国際連合（United Nations）の一専門機関である国際電気通信連合（ITU：International Telecommunication Union）、Web に係わる技術の標準化を進める W3C（World Wide Web Consortium）などの各種国際標準化団体でも標準化に向けた検討が始まっているが、まだ具体的な国際標準の策定には至っておらず、これからという状況にある。

　一方、国際標準というわけではないが、Linux に係わる非営利技術コンソーシアム Linux Foundation の 1 プロジェクトとして Hyperledger project（HLP）が 2015 年 12 月に発足し、IBM・アクセンチュア・NTT データ・富士通・日立製作所・NEC など多くの内外企業が参画している。HLP は、IBM が開発した Open Blockchain を基にして Hyperledger Fabric という名称の BC 用 OSS（Open Source Software）を開発し公開している。

　一方、国内では、次の団体が発足しそれぞれ活動を進めている。

- ブロックチェーン推進協会（2016 年 4 月発足）：BC の普及・海外関連団体との情報交換
- 日本ブロックチェーン協会（2014 年 9 月発足）：ガイドラインの策定・関係省庁への提言

さらに、国内でも BC に関する大規模な国際会議が開催され、多くの関心を集めるとともに関連技術者・研究者が増加しつつある。

第9章

ブロックチェーンの
限界と課題

9.1 限界と課題の概要

　第8章までに説明した通り、ビットコイン（BTC）のブロックチェーン（BC）は中央サーバによる管理のないP2P型ネットワークで仮想通貨を実現するための巧みな技術であるが、仮想通貨だけでなく幅広い応用が可能である。しかし、まだ決して完成し成熟した技術ではなく、現状では様々な限界があり課題が残っている。今後応用範囲の拡大と利用者の広範化に伴って研究開発もさらに活発化し限界と課題の緩和や解決が図られていくものと想定されるが、本章では現在重要と判断される限界と課題について具体的に議論する。表9.1は限界と課題を分類整理した結果で、各行の末尾欄に本書で扱っている章節を示す。

　限界と課題は大別して技術面と非技術面に分けられるが、本書では主として技術面を扱う。技術面の限界と課題はBC自体に係わるものとBCの応用に係わるものに分けられる。前者は、安全性・性能・計算リソース使用のそれぞれに係わるものに分類する。後者は、いくつかの応用に共通するものと個々の応用が持つものに分けられるが、応用個別のものについては第8章で説明したので、本章

では省略する。なお、安全性に関するさらに深い議論については、Eurocrypt などの国際会議での発表論文や各種雑誌などの解説論文 [28] を参照されたい。

表9.1●BCが持つ限界と課題の分類整理

大分類	中分類	小分類	項目	章節
技術面の限界と課題	BC 自体に係わる限界と課題	安全性に係わる限界と課題	鍵の管理	9.2
			暗号技術	9.3
			合意形成	9.4
			脆弱性	9.5
		性能に係わる限界と課題		9.6
		計算リソース使用に係わる限界と課題		9.7
	BC 応用に係わる限界と課題	BC 応用共通の限界と課題		9.8
		BC 応用個別の限界と課題		8.2 〜 8.5
非技術面の限界と課題				9.9

9.2 鍵の管理

　第 3 章で述べた通り、BTC/BC では公開鍵暗号方式を採用し、取引における正当な支払い相手のみが取引額を受領し使用可能にすること、および正当な取引の支払いを支払者が否認不可能にすることによって安全確実な取引を実現するために署名を利用している。この署名では本人だけが所有する秘密鍵が必要で、秘密鍵を安全に保管している限り、その秘密鍵によって管理されている正当な通貨財産が他者に盗られたり使われたりすることなどの問題は実質的に起きない。このように BTC/BC の運用と利用における安全性の基本は秘密鍵にある。秘密鍵が他者に漏れた場合、その秘密鍵で管理されている通貨財産がすべて秘密鍵を所有した者に盗られ使われてしまうなどの問題が発生する。また、秘密鍵を失くしてしまうと、それに対応した通貨財産が紛失したこととなり誰も使うことができなくなる。

BTC では、鍵の管理のためにウオレットと呼ばれる専用のソフトウェアが用意されている。ウオレットにおける鍵の安全化対策として、秘密鍵の多重化がある。各ユーザは秘密鍵を複数個持つこともでき、それらのうち一定数の秘密鍵を使ってのみ取引（支払）を実行可能にできる。これを『秘密鍵の多重化』と呼び、Multi-signature BA と呼ばれるビットコインアドレス（BA）を使う。Multi-signature BA は、個人ユーザだけでなく複数人から構成されるグループで通貨を管理し運用する場合にも応用できる。この場合、一つの秘密鍵を盗まれても他の秘密鍵が盗まれない限り不正に使われることがないため、安全性が高くなる。

鍵の安全管理として、この秘密鍵の多重化だけで十分でないことは明らかであり、システムとして鍵の安全化をさらに図るための対策が課題である。また、何らかの理由で秘密鍵が漏洩したり盗難にあったりした場合は、秘密鍵の無効化・新秘密鍵の生成・対応する資産の退避と新秘密鍵への結びつけなどの失効処理が必要であるが、BTC では失効処理が全く準備されておらず、長期間の運用とユーザの増加を考慮した場合の課題の一つである。

なお、鍵の安全な管理は BTC/BC に限ったことではなく、一般的な対策がいくつかありその一部を以下に紹介する。

ウオレットの安全化

電子的な情報は、その保管メディア（メモリ）への不正アクセスによる奪取の可能性に加え、メモリの老朽化によるアクセス困難化などの問題がある。この解決の一つの方法として非電子的な形、典型的には紙に記載し必要なコピーをとって安全強固な金庫に保管するという方法があり、これを paper wallet と呼ぶ。この方法はネットワークに接続されていないため、遠隔からの不正アクセスが不可能で cold system とも呼ばれる。

秘密鍵を保管するメディアとして、書き換え可能なメモリでなく、いったん書き込んだら変更が不可能なハードウェアを利用する方法も考えられる。これによって紛失の恐れを削減することが可能で、hardware wallet と呼ばれることがある。

秘密鍵を保管するウオレットを一つでなく、複数個のウオレットに分散させる

方法もある。

秘密鍵の通知

　認知症や死亡などユーザ自身による秘密鍵へのアクセスが困難となった場合、結果的には秘密鍵の紛失と同等となる。この対策としては、秘密鍵の存在とアクセス方法を遺言のような形で相続者などに通知できる仕組みを講じておくことが考えられる。

9.3 暗号技術

9.3.1　暗号プロトコルとしての安全性

　一般に、暗号技術を応用することによって安全性を高めた通信手順を暗号プロトコルと呼び、理論的・学術的には、達成すべき安全性の目標を必要条件として定義して、その要件を満たすように暗号プロトコルを設計し、その設計が正しいか否かを判定するため、要件の充足性を何らかの論理で証明することが期待されている。しかし、インターネットに係わる暗号プロトコルは、通常安全性に係わる要件が定義されることなく実用化されている。BTC/BC でも暗号プロトコルを採用しているが、その安全性についての要件の明確な定義は存在しないし、当然要件を満たしているか否かの論理的証明も行われていない。したがって、BTC/BC が安全であるという保証は存在しないことになる。だからと言って、BTC/BC が安全でないという意味でもない。安全性に係わる脆弱性がないという保証がないということであり、何らかの攻撃を受けて不正な動作をする可能性が否定できないことを意味する。

　例えば、9.6 節で説明する通り、現在の BC の実装には脆弱性が存在している可能性があるが、現実には安全性に係わる事故があまり起きないと期待されているだけである。第 8 章で BC の応用システムの一つとしてスマートコントラクトに基づく The DAO を紹介し、そのスマートコントラクト用プログラムに問題が

あって攻撃を受け、結果として極めて多額の通貨が流失したという事故について説明した。この事故は BTC/BC 自体の問題ではないと理解されているが、結果として BC の機能である仮想通貨の問題を招いたとも言え、BC の応用を考えるうえで深刻な限界があることは明らかであり、スマートコントラクトを利用した場合の BC 機能に係わる安全性の保証がやはり存在しないことを意味している。

9.3.2　暗号技術の危殆化対策

BTC/BC では暗号技術を多様に活用している。表 9.2 は BTC/BC で活用されている暗号技術の一覧である。

表9.2●BTC/BCに応用されている暗号技術

暗号技術	応用
公開鍵暗号方式	・取引における受領者を限定するロック解除条件（支払額使用可能条件）の設定 ・ロック解除条件を満たしロックを解除するための署名 ・署名の検証
暗号的ハッシュ関数	・Tr の識別に用いる Tr ハッシュ ・Tr の存在証明に用いるマークル木の作成とマークル検証 ・ブロックの識別とブロックのチェーン化に用いるブロック（ヘッダの）ハッシュ ・PoW のための暗号パズル

一般に、暗号に係わる技術の安全性は時間とともに低下すると言われている。実際、暗号強度が完全ということはなく、通常暗号を解くために要する時間が膨大で、その時点で最高性能のコンピュータを駆使しても現実的に意味のある時間で解けない場合、暗号強度は十分で事実上暗号が破られることがないと判断し、そのような暗号技術を採用する。例えば、一般に鍵の長さが長いほど安全性は高いが、極端に鍵が長いと管理が面倒になるうえ送信を含む処理量が増えるため、実際には十分と判断される強度を達成できる長さの鍵が使用される。

一方、コンピュータの性能は日々向上しており、その向上速度は極めて急激で

ある。特に、昨今話題となっている量子コンピュータが実用化されると処理能力が飛躍的に向上する可能性があり、暗号技術に応用可能になると影響は甚大である。また、暗号技術だけでなく攻撃技術についても日々研究が行われており、総合的に暗号技術の強度が時間とともに下がっていく。したがって、ある時点で十分安全だと判断できても、その強度は時間とともに下がり、ある程度の年月を経ると当初の目標を下回って安全性が十分でなくなる可能性がある。このように安全性が十分でなくなることを危殆化と呼び、危殆化を考慮して鍵の長さのような暗号方式の具体的なパラメータ値や暗号方式自体について有効期限を設けることが普通である。有効期限を過ぎて失効した鍵や暗号方式などは、より長い鍵に置き換えるか別の暗号方式に変更することが必要である。このような更新をシステムの運用中に行うためには何らかの準備や手順をあらかじめ決めておき、タイミングを失することなく、また、更新時に資産の損失や取引サービスの停止などシステム上のトラブルが生じないように速やかに実行することが必要不可欠である。しかし、BTC/BC ではこのような考慮がなされていない。本質的に、仮想通貨を扱うシステムでは長い年月の連続運転が前提となるため、暗号技術の危殆化に対する考慮は本来必須であり、運用上いずれ具体的な対処が必要となる限界が来る可能性があるので、長期的に見た場合の重要な課題と言えよう。

9.4 合意形成

9.4.1 『合意形成』の定義と動作の正しさ

これまで『合意形成』という用語を使って BTC/BC の動作や目標を説明してきた。しかし、第 6 章で説明した通り、現状では BTC における合意形成は明確には定義されておらず、どのようなノードが、いつの時点（まで）に、何について、どのように合意する（どの情報を採用する）のかが明らかになっていない。BC によって実現される機能や仕組みの本質的な正しさが『合意形成』に依存していることを鑑みると、『合意形成』の定義がないため、厳密に言えば BC による動

作が正しいという保証は不可能である。本来は『合意形成』について条件や仮定を含めて明確に定義することが基本的に必要であり、その定義に基づき BC による動作や仕組みが正しいことを論理的に明らかにすることが重要であるが、元の論文 [1] や関連書籍・資料などでは一切できていない。

　本書では 5.7 節で、合意形成を『全体の過半数のノードが管理する BC において、

① 承認が確定した（一定数以上の子孫ブロックが連結された）ブロックは常に鎖状に連結された 1 本のブロック列となっており、かつ
② これらブロック列の間には包含関係が常に存在する。

という 2 条件を満たすようにブロックとそれに含まれる Tr の承認を確定すること』と定義し、この 2 条件を満たす BC を各ノードが持つことを『同一の BC を持つ』と簡略して説明してきた。しかし、現実には客観的に『合意』された『合意形成』の定義は存在していないので、例えば 8.5 節で紹介した国際標準化組織によってできる限り早く合意することが課題である。

　一方、BTC が攻撃を受けるとシステムとして正しい動作をとれなくなり、正しい合意形成が不可能となる可能性がある。そのような攻撃がすべて明らかになったわけではないが、すでに知られているいくつかの具体例を次項以降に紹介する。これらの攻撃が起きる可能性は現実に小さく、これまでのところ攻撃によって合意形成が不可能となって BTC 全体が機能不全に陥ったことはないが、理論的には発生し得るので万が一に備えた対策を設け実装しておくことが望ましく今後の課題と言えよう。

9.4.2　Fast payment によるトランザクションの覆り

　Tr はその Tr を含むブロックが BC に連結された時点で仮承認となった後、子孫として一定数（例えば 5）以上のブロックがさらに連結された時点で承認が確定する。ブロック作成間隔が 10 分だとすると、Tr の発生から承認確定までに例えば 1 時間強（大雑把に計算すると、Tr のネットワーク周知からブロック化開

始までの期待時間約 5 分と、ブロック作成の開始から BC への連結の例えば 6 回の繰り返しまでの所要時間約 10 分× 6 = 60 分の合計 65 分程度）かかる。この時間が問題とならない取引もあると思われるが、長過ぎて問題となる場合もあると予想され、例えば Tr が周知されたことを確認して直ちにその Tr が成立したものと早目に判断することもあり得よう。このような判断を『Fast payment』と呼ぶが、実は Fast payment には Tr が以後に覆るというリスクがある。

　以下では、図 9.1 の具体例を使って Fast payment に係わるリスクを説明する。図 9.1 で攻撃ユーザ A（Attacker）が被害ユーザ V（Victim）とある取引を行い、その支払いのためのトランザクション（Trl：legal Tr）を作成して V に送信する。V は Trl を受信して、Trl に含まれていた支払先が自分の BA であること、支払額が適切であること、各 input が参照する過去の output が未使用（UTXO）であること、および各 input に含まれる A の署名の正当性を確認することなどによって Trl を検証し終え、その時点で取引額を正しく受領できたと判断し商品を渡したものとする。この後 V は、Trl をネットワーク周知のため隣接ノードに送信し、Trl はネットワークに周知される。しかし、A は、V への Trl の送信の直前に、Trl に含まれる input と同じ input を持ち、かつ、自分自身 A 宛支払いの output を持つ別の Tri（illegal Tr）をネットワークに周知したものとする。すると、ネットワークの多くのノードは Trl を受信する直前に Tri を受信することになり、Trl を受信して Tri と同一の input を持つことを検知すると、Trl は UTXO の二重使用だと判断し Trl を廃棄してしまう。つまり、V が有効だと判断した Trl が多くのノードで Tri のため廃棄されてしまい、ブロックにも BC にも残らない。この Trl の廃棄を効果的に進めるため、A はあらかじめ共謀ユーザ C_i（colluder；$i = 1$, 2, …）を各地に設けて置き、A は最初に Tri を全 C_i に送信し、Tri を受信した各 C_i が直ちにネットワーク周知するようにしておくことも考えられる。

　その後 V は Tri を受信しても、Tri が二重使用だという理由で Tri を機械的に廃棄するので、Trl が多くのノードで廃棄され無効になったことに気づかない。どれだけ時間が経っても Trl がブロックに含まれず承認されないことに V が気づけば、その時点で Trl が取り消された、あるいは A が不正を行ったことを察知でき得るが、かなり時間が経った後の場合、商品を提供した後で取り返しがつかな

いであろう。この不正は、他のノードではまったく気づくことがないという点にも問題がある。このように一般に Fast payment にはリスクがある。

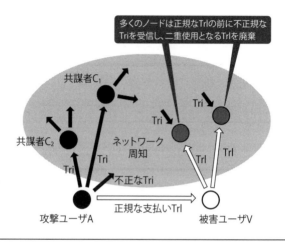

多くのノードは正規なTrlの前に不正規なTriを受信し、二重使用となるTrlを廃棄

共謀者C₁

Tri

共謀者C₂

ネットワーク
周知

Tri

Tri

Trl

Trl

不正なTri

Tri

攻撃ユーザA

正規な支払いTrl

被害ユーザV

図9.1●Fast paymentによってTrが覆る例

9.4.3　51%攻撃

　BTC の分散型合意形成には各ノードが互いに独立して BC を管理し更新することに特徴があり、BC で分岐が生じた場合、分岐後のどの枝に属すブロック列を選択し残すかは、ノードが同一の BC を持つという合意形成の重要な鍵となる。この選択では、含まれるブロック列が持つ target の合計値が最大の枝を残すという BC の基本ルールに従って各ノードが動作することが前提となっており、ごく少数のノードが基本ルールに従わない動作をとっても大勢に影響がないことは明らかであろう。

　しかし、多くのマイナーが結託してこの選択で不正を行うと、合意形成を実質的に遅らせたり不可能にしたりすることが可能となるだけでなく、正当なブロック列の枝を刈り不正なブロック列の枝を延ばすことによって BC を改変することも可能となる。例えば、図 9.2 の例はブロック 0 からブロック 20 までの 21 個のブロックが鎖状に連結された BC において、ブロック 20 を親とする子ブロッ

ク21と21'を受信し、その後ブロック21以降にだけブロックが5個連続して連結された状態を示す。ここで、ブロック21〜ブロック26は大多数を占める不正マイナーがマイニング競争に連続して勝ち続け作成したものとし、ブロック21'は正当なマイナーが作成したものとする。この状態で、ブロック21以降にブロックが一定数（5）連結されたのでブロック21の承認が確定し、承認が確定したブロック21の兄弟に当たるブロック21'は枝刈りの対象となり削除される。

この結果、ブロック20以降は不当なブロックだけがBCに連結され残ることになる。つまり、正当なブロックに含まれた正当なTrの承認が進まず、BTCは正しい動作ができなくなってしまう。

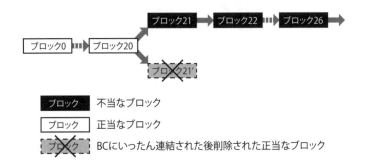

図9.2●51%攻撃による正当なブロック列の枝刈りと不当なブロック列の延伸

このような不正動作を実現するためには、正当なブロックの作成よりも早く不当なブロックを連続的に作成しネットワークに周知することが必要であるが、ネットワーク全体における計算能力の大半を持っていれば可能となり得る。しかし、この攻撃では不当なブロックの作成を開始するときの親ブロックより前のブロックの改ざんや削除は容易でない。つまり、時間が経てば経つほど、子孫ブロックを多く持つブロックの信頼度が高くなっていき確固としたものになるという性質は保たれる。

また、この攻撃では、攻撃者でない他ユーザが作成したTrを（見破られることなく）改ざんし他ユーザ宛の支払額を勝手に使用することはできない。なぜな

ら、他ユーザ宛の支払額を盗用するためにはロック解除条件を満たす必要があり、それには正当な支払先ユーザが保管する秘密鍵が不可欠であるが、それを盗むことはできていないからである。つまり、この攻撃で可能になることは、攻撃者自身の資産の多重使用およびサービス妨害 DoS である。例えば、攻撃者が無効化する Tr が特定 BA への支払いに関するものであれば、特定 BA への支払いを事実上不可能とする DoS 攻撃になる。さらに、このような Tr 無効化攻撃を繰り返すことでシステム BTC の信用をおとしめ、法定通貨とのレートの下落や通貨 BTC の利用自体を阻害することにつながる可能性もある。

　以上の説明では、ネットワーク全体において大半の計算能力を攻撃者が持つと仮定した。直感的には過半数のパワーを持つ必要があると考えられ、この攻撃は過半数を象徴する意味で50％でなく『51％攻撃』と呼ばれる。しかし、必ずしも51％必要というわけでもないし、51％あれば攻撃が必ず成立することを保証するわけでもない。あくまでも過半数を意味し、分かりやすい象徴としてこの数値を用いると考えればよい。

　現実的には51％攻撃は困難だと考えられ、そのように期待されてもきた。その理由は、システム BTC に参加するコンピュータは台数・計算能力ともに指数関数的に増大しており、この結果、特定のノード（あるいはそのグループ）が過半数の計算パワーを獲得することは益々困難だと考えられたからである。しかし、現実はこの期待通りとは限らない。マイニングによる報酬獲得競争の結果、2.4節で述べたマイニングプールを利用した少数のグループによる計算能力の寡占化が進んでいるからである。

9.4.4　41％攻撃

　マイナーがブロックを作成し報酬を得る確率は、そのマイナーが持つ計算能力に比例すると考えられていた。しかし、近年の研究により、マイナーが selfish-mine という特別な戦略を採ることによって、全体の41％の計算能力があれば0.5程度の確率でブロック作成に成功し BC を乗っ取り可能であることが示された [29]。

　図 9.3 の例を使って selfish-mine 戦略を説明する。この戦略は、攻撃者が逸早く暗号パズルを解きブロックを完成できた時点で始まる。図 9.3(a) はブロック 0 〜ブロック 20 から構成された BC を示す。この状態で各マイナーがマイニングを開始し、攻撃マイナーが逸早くマイニングに成功しブロック 21 を完成したものとする。通常はその後直ちに完成したブロック 21 をネットワークに周知するが、図 9.3(b) の通り selfish-mine 戦略ではわざと少し待ち、その待ち時間の間に次のブロックの作成を進める。図 9.3(c) の通り同時に並行してマイニングを進めていた他のマイナーがマイニングに成功して新ブロック 21' を周知したものとすると、ブロック 21' を BC に連結した各マイナーはその子ブロックの作成を開始する。一方、図 9.3(d) の通り、しばらくして攻撃マイナーがマイニングを完了しブロック 21 の子ブロック 22 を完成したものとすると、直ちに両ブロックを連続的に周知する。その結果、図 9.3(d) に示す通り、ブロック 21 と 22 を連続的に受信し BC に連結した各マイナーは、ブロック 20 で分岐が起きたことを認識し、分岐後の各枝のブロック列に含まれる各ブロックの target 値の合計を計算する。そして 2 つの分岐後ブロック列のうち、ブロック 21' から構成される分岐後ブロック列に比べて、ブロック 21 と 22 から構成される分岐後ブロック列の target 合計値が大きいので、後者のブロック列を選択し、その最新ブロック 22 を新たな親として子ブロックの作成を開始する。以降、図 9.3(e) に示す通りブロック 22 に子孫ブロックが一定数以上連結されると、いったん BC に連結され仮承認されたブロック 21' は削除されて BC は図 9.2 と同様になり、結果的に 51% 攻撃と同等な攻撃が成立したことになる。

　このように selfish-mine 戦略は、他のマイナーに比較してブロックの作成開始を実質早めることによって連続的にマイニングに成功する確率を高める。定量的なシミュレーション結果によると、ネットワーク全体の 41% 以上の計算能力を持っていれば、selfish-mine 戦略によってマイニングに成功する確率が約 0.5 となり前項で述べた 51% 攻撃が可能となる。

（a）各マイナーはマイニングを開始し、最新ブロック20の子ブロックを作成する。

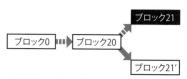

（b）攻撃者がマイニングに成功したが、すぐには新ブロック21を周知せずその子ブロックの作成を開始する。

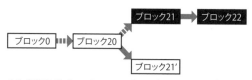

（c）正規マイナーがマイニングに成功し、新ブロック21′ を周知する。

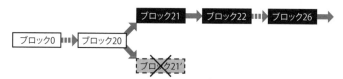

（d）攻撃者がブロック21の子ブロックのマイニングに成功し、新ブロック21と22を連続的に周知する。各マイナーは親をブロック22に変更してマイニングをやり直す。この時点でブロック21′ は削除はされないが、マイニングのための親ブロックでなくなりその子ブロックは作成されなくなる。

（e）ブロック22の子孫ブロックが一定数作成され連結されると、ブロック21′は削除される。

図9.3●selfish-mine戦略による41％攻撃

　この selfish-mine と別の攻撃（Tr をネットワーク周知する際に ping[4] の悪用でタイムアウトを発生させることによって Tr の送信を遅らせる DoS）を組み合わせることによってさらに攻撃の効率を向上できることが知られており、ネットワーク全体の 34% 以上の計算能力があれば実質的に 50% 以上の計算能力を達成できる [30]。このような過半数を下回る計算パワーでの攻撃に対する防御策の

研究も進められている [31], [32] が、現在でも未解決の課題の一つと考えられる。

　また、selfish-mine と同様に、いったん完成したブロックをわざとすぐに送信しないで遅らせることによって承認済み Tr を覆してしまう Finney 攻撃なども知られている。興味があれば文献 [28] などを参照いただきたい。

9.5 脆弱性

　これまで述べた安全性の限界と課題はすべて方式に関するものである。これらがすべて解決でき、方式として安全だとしても、それを実装するソフトウェアが方式を正しく反映していないと意味がない。実装ソフトウェアに欠陥（バグ）があり脆弱性が存在して悪用された場合、ウィルスや不正侵入などによって BTC/BC を誤動作（例えば特定 BA に係わる Tr のみの正当化）あるいは動作停止させることが可能となって社会的な混乱を招く恐れも生じる。大規模なソフトウェアでは脆弱性を完全に除くことは極めて困難であることが知られている。この限界は BTC/BC に固有のものではなく、一般的にはソフトウェア工学としての課題でもあり、特効薬のような解決策は知られていない。ここでは一実例として『トランザクション展性』（Transaction Malleability）を挙げ、この脆弱性とその対応から得られた重要な教訓の説明に留めておく。

　BTC では Tr 識別に Tr ハッシュ値を使うことができる。しかし、Tr 識別に Tr ハッシュ値のみを使って Tr を管理する場合、Tr ハッシュ値が改ざんされても改ざんを検知できないため Tr 識別を誤り、Tr の管理すなわち財産管理を間違える場合がある。この問題は実装ソフトウェアの脆弱性であり、トランザクション展性と呼ばれる。結果的に、二重に支払ったり、残高を間違えたりすることがある。トランザクション展性とその対策の具体的な説明はかなり長くなるので付録 A にまとめたが、この脆弱性に気づくことは必ずしも容易でなく実害も発生した。トランザクション展性から、脆弱性に関して次の 2 点の教訓が得られる。

① 見過ごしがちな脆弱性に対する徹底的な注意の重要性

BC 自体は、安全性にかなり多くの考慮がなされたシステムである。例えば、第 4 章で説明した通り、プログラムの一種であるスクリプトを BC で採用したため脆弱性を含む可能性が高くなったが、意識的にチューリング不完全として機能を限定させるなどの考慮がなされている。しかし、実装段階において必ずしも十分に注意が払われるとは限らず、うっかりミス（バグ）を見過ごしてしまう可能性がある。トランザクション展性もこのようなミスの一つであり、実装に際し、設計・レビュー・コーディング・テスト・検証の各段階で十分に綿密な注意を徹底させることが肝要と言えよう。

② 運用開始後の更改の困難性

トランザクション展性を含め多くの脆弱性は、いったんその中身が具体的に明らかになれば対策法を見出すことはそれほど難しくない場合が多い。しかし、運用が始まった後に対策を実装するためには様々な問題が生じることがある。例えば、宇宙探索システムのように発射後は更改が現実的でないし、BTC のように日々連続的に動作し続けることが期待されるシステムでは動作を停止することが難しいなどの制約があるからである。この点からもトランザクション展性は重要な教訓となろう。

9.6 性能とスケーラビリティ

BC は耐改ざん性に優れたデータベースであると言われるが、その性能とスケーラビリティには限界がある。BTC/BC では、約 10 分ごとに 1 ブロックしか承認処理ができず、しかもブロックの大きさは 1 MB に制限されている。5.7.2 項で説明した通り、ブロックおよびブロックに含まれる Tr の承認の確定に要する時間と BC が分岐する確率はトレードオフの関係にあり、そのバランスを考慮した結果、ブロック生成の時間間隔が約 10 分と決められた。その結果、大雑把には高々 10Tr/ 秒しか処理できず、また、Tr の作成から承認が確定するまで 1

時間強を要するので、取引の量や利用できるユーザ数に係わるスケーラビリティには限界がある。例えば、大規模で高速処理を必要とする国全体の日常的全取引を現 BTC で扱うことは不可能である。各ユーザが持つコンピュータの性能が向上しても、ネットワークの伝送速度が向上しても、この限界は本質的に変わらない。

そこで、新たなアイデアでブロック作成の間隔時間を短縮することによって、単位時間当たりに処理できる Tr の増加と承認確定までの所要時間を短縮するための研究が広く行われている。以下では、いくつかの取り組みを紹介するが、いずれも限界があるため抜本的で決定的な解とは言えず、BC の性能とスケーラビリティの改善はまだ課題の一つと考えられる。

なお、正当な Tr が承認されその承認が確定するためにはブロックが連続的に継続して作成され続けることが前提となっているので、もし BTC での取引が極端に少なくなって Tr の作成頻度が著しく下がったり報酬の額が小さくなってマイナーが極端に少なくなったりすると、BTC/BC は期待通りの動作をとらなくなり、単位時価当たりに処理できる Tr 数が大きく減少する可能性がある。当分の間このような可能性はなさそうであるが、新規発行される通貨の額が時間とともに減少していく設計のままだと将来課題となるかもしれない。

9.6.1 PoW の代替

PoW（Proof of Work）の方式を変更することによって、ブロック作成時間間隔を 10 分よりも小さくして承認が確定するまでの時間の短縮を図ることが可能である。具体例としては、付録 C に示す通り、PoS（Proof of Stake）、PoI（Proof of Importance）、PoC（Proof of Consensus）、DPoS（Delegated Proof of Stake）などがある。しかし、これらは BTC の本来の方針である『信頼ある第三者を必要とせず参加者による分散処理に基づくシステム』に反するものであり、非集中型処理が実現できなくなるという問題点がある。

9.6.2 Segwit

Segwit（Segregated witness）は、ブロックに含めることが可能な Tr を実質的に増やし、結果的に同一時間で処理できる Tr を増加することができる [33]。BTC では 2017 年 8 月に Segwit を新仕様として採用したが、Segwit を採用する代わりにブロックサイズの上限を大きくするべきだという反対意見も多かった。このブロックサイズ変更方式はそれまでの古い仕様を採用していたノードや BC とは共存できないため、BTC とは別にブロックサイズを 8 MB に拡張しビットコインキャッシュ（BCH：Bitcoin Cash）と命名された新しい仮想通貨システムがスタートし、以降 BTC と BCH が併存することとなった。このように、新旧共存ができない新システムを立ち上げることをハードフォーク（hard fork）と呼ぶ。BCH は翌 2018 年 11 月に再びハードフォークによってさらにビットコインキャッシュ ABC とビットコイン SV に分かれた。なお、旧仕様が共存できるようにシステムの仕様を更新していく方法をソフトフォーク（soft fork）と呼び、Segwit はソフトフォークによって導入された。

Segwit の技術概要は次の通りである。4.2 節で説明した通り、Tr は input 部と output 部から構成され、input 部は過去の未使用 Tr output（UTXO）を参照しそこに含まれる受領額を正当に使用することを証明する署名と公開鍵から通常構成される scriptSig を含む。この署名は正当なユーザが所有する秘密鍵がないと作成できない。Segwit は署名データである scriptSig を分離して witness という名称の別の領域に格納することとし、ブロックに Tr をまとめる際には witness を集めて coinbase Tr に移す方式である。Segwit を採用した場合、Segwit 非対応の旧ノードでは witness 部分を無視して処理しないので、次の式で示す通り witness の重み付けを 1/4 に削減してブロックサイズを 1 MB 以下に制限することとなった。

$$\{(\text{witness を除くブロックのサイズ}) + (\text{witness のサイズ}) / 4\} \leqq 1 \text{ MB}$$

結果的にブロックサイズが大きくなり最大値が 4 MB に拡大するように見える

が、実際には署名以外のデータが Tr に含まれるので、Segwit によって増える Tr 処理能力は高々 2 倍程度の 20Tr/ 秒である。

　なお、Segwit には、9.5 節で紹介したトランザクション展性という脆弱性の解決を可能にするというメリットもある [34], [35]。具体的には付録 A で詳細に説明する。

9.6.3　オフチェーン

　オフチェーンは、BTC の性能を向上させるため決済処理を BC の処理の外で行う方法であり、具体例としてペイメントチャネル（Payment channel）[36] とライトニングネットワーク（lightning network）[37] がある。既存の決済システムと同様、これらは一つの BC による全 Tr の一元的な処理と管理の代わりに、複数の階層での処理に分ける負荷分散ととらえることができ、その結果、単位時間当たりの取引の処理数を拡大し承認確定に要する総時間を短縮するものである。

　ペイメントチャネルは、取引が頻繁な 2 ユーザ間で供託金を BC 内にあらかじめ提供しておき、供託金の範囲内であれば BC 外（オフチェーン）で取引し、それらの取引をいくつかまとめて BC で決済するという方法である。このオフチェーン化によって、ユーザの観点から見ると、個々の取引に要する承認時間を最高ほぼ 0 に短縮できるとともに、BC での Tr 処理に必要な手数料も取引回数に応じて削減できるという効果が得られる。特に少額の取引が頻繁に行われる場合に有利である。BTC から見ると、BC で扱う Tr 処理やブロック処理が減少し、相対的に性能を高くできる。

　しかし、ペイメントチャネルでは、取引を行うユーザペア同士で供託金の準備やそれに伴う処理が必要で、ユーザが多い場合には効率が悪い。そこで、ペイメントチャネルでペアとして登録されているユーザ間であればオフチェーンで取引ができる仕組みが考案された。この仕組みはライトニングネットワークと呼ばれ、2017 年 11 月から試験運用が開始した。しかし、2018 年 3 月に DDoS（分散型サービス妨害攻撃：Distributed Denial of Service）を受け、さらに 2019 年 9 月には脆弱性が攻撃を受けるなど、結果的に安全性の面で課題が顕在化し信頼性を落と

すことにもなった。また、原理的には供託金額が多いユーザがオフチェーンでの取引の中継的な役割を果たす確率が高くなってしまう可能性があり、結果として資金力あるユーザへの『中央集権化』が進み手数料を多く徴収するなどの弊害が発生する恐れがあり得る。ペイメントチャネルやライトニングネットワークは有力な性能改善策との考えもあるが、総合的にはまだ開発途上であるうえ、BC で扱う取引を減らすもので、厳密には BC 自体の性能を向上させるための解決策ではない点に注意が必要である。

9.6.4 その他の方式

以上の他にも多くの方式の検討が行われている。主な方式の原理の概要を以下に示す。

- BC を用途に応じて複数設けることによって、一つの BC が扱う Tr を削減するとともに必要に応じて BC 間での取引も可能とする方式、
- 記録管理すべき情報は可能な限り BC 以外のデータベースで扱うことによって BC で扱う情報を最小限にする、または全情報を BC 以外のデータベースで扱い BC ではそのハッシュ値だけを扱うことによって BC のサイズを縮減し同時に処理量も削減する方式、
- データベースではシャーディング（sharding）と呼ばれる負荷分散技術があり、これを BC に応用することによって、例えば全ノードをいくつかのグループに分散し、それぞれで BC を構成し Tr とブロックの処理を負荷分散させる方式、
- マイニングを止め、少数の witness ノードが集中して Tr とブロックの正当性を評価し過半数の賛成を得て承認する方式、
- マイニングを止め、Tr 作成ユーザが Tr やブロックの承認を担うこととし、承認のための処理時間と処理量を削減する方式。

なお、以上では BC の性能とスケーラビリティについて議論したが、BC と既

存データベースシステムとの比較、BTC の BC と他の BC との比較も課題であろう。いずれの比較においても、それぞれが持つ機能や特性が異なるため容易に比較評価できるとは限らない点にも注意が必要である。例えば、BC における合意形成自体の定義が確定しておらず、各 BC 間で統一できているわけでもない。また、関係データベースであれば共通の条件で比較評価するための国際的な標準ベンチマークが用意されているが、これを BC にそのまま適用できるわけではないし、そもそも BC のためのベンチマークについては客観的な議論すら始まっていない。実際に新しくシステムを構築する場合に BC を採用するか否かの検討では、その目的や必要条件をも考慮して判断することが肝要であろう。

9.7 計算リソース使用

BTC における PoW の本来目的は分散処理による安全な合意形成にある。しかし、BTC では合意形成のための処理が報酬獲得を目指した早い者勝ち計算競争となっているため、計算リソースと消費電気量の無駄な使用が大きな欠点であり地球環境の観点からも好ましくない。この問題を解決するため、例えば、新薬の開拓のためのたんぱく質の化学的な解析、広範でち密な気象情報を基にした精度の高い天気予報などの人類にとって真に有益となる計算処理を競わせるという方法が検討されてはいるが、本質的な解は得られておらず大きな課題のままとなっている。

なお、付録 C で説明するが、計算リソース使用量を大幅に削減可能とするため、PoW の代替として PoS、PoI、PoC、DPoS などの案がある。しかし、9.6 節でも触れた通り、いずれも BTC の本来の目的である『信頼できる第三者機関が不要』という前提に沿ったものではない。

9.8 ブロックチェーンの応用

BTC では、2.2 節で述べた通り、扱う取引自体が正当であるという前提があり、BC は本質的にこのように正当な取引の履歴について正当性を保証するものと言える。逆に、取引自体の正当性が保証されていない場合、BC の正当性には意味がなくなる。つまり、BC の応用として、コンピュータ上の仮想世界から離れて取引記録 Tr の代わりに製品のトレース情報・真贋データ・プログラムなどを扱う場合、それら代わりの物自体の正当性が保証できるかという BTC/BC の前提を確認することが必要になる。例えば、8.4 節でも触れたが、製品トレース情報の場合、あるトレース情報が特定の製品のものであり別製品の情報ではないという保証、言い換えると、製品とトレース情報の紐づけが正しいという保証が必要になる。昨今、仮想通貨の盗難（流失）事件が 2.1 節で述べた交換所で発生している。この交換所自体も BC が処理の対象としている仮想世界でなく現実の物理世界での物であり、BC は何らその正当性を保証することができない。

物理世界の物と仮想世界の情報の紐づけは一般に容易でない。物に情報を彫り込んだり付着させたりする方法が検討されているが、そのような方法自体が困難な場合があり得るし、逆に彫り込みや付着が困難でないと改ざんが容易になってしまう恐れもあろう。

いずれにせよ、BC とリンクする物理世界における正当性の保証は、BC 応用の拡大において解決すべき共通の重要な課題である。

9

9.9　非技術面の限界と課題

9.9.1　仮想通貨による社会インパクトへの対応

　仮想通貨が出現するまでは、通貨と言えば事実上法定通貨であった。つまり、新しい通貨の発行は法律によって定められ、国家または国家レベル的な組織の判断によって経済状況を安定維持または発展させることを目的として行われてきた。しかし、BTC のような仮想通貨は国家とはまったく独立でグローバルに発行され、いったん流通が始まると制御が容易でなくなってしまう可能性がある。インフレのような経済状態への影響だけでなく、マネーロンダリングのような不正の温床となる可能性もある。最近の流れの一つとして、BC を資金調達の手段である ICO（Initial Coin Offering）に活用する傾向が強くなる気配があるが、既存の法律だけに照らして適性／違法性を判断するのでは不十分な可能性もある。膨大なユーザをグローバルに持つ SNS を運営する巨大企業 Facebook が仮想通貨 Libra の構想を 2019 年に発表したが、各国から容易に認可されないのも頷けるところである。

　このような先進的技術を持つ組織と持たない組織、うまく活用できる国や人々と活用が進まない国や人々のような格差の存在を前提として、仮想通貨の導入がもたらす人類社会への影響を見通し、適切な条件や規制を設けることは一般に容易でない。一組織あるいは個別組織による合理性や幸福の追求が、国家あるいは人類全体の合理性や幸福にうまく結びつかない可能性もあろう。このように、新規の仮想通貨がもたらす社会インパクトを事前に分析して明らかにし、必要な対応を事前に講じるとともに、発展と普及の拡大に伴って必要な対応を遅滞なく円滑に進めていくことは大きな課題と言える。

9.9.2 BC 応用に関する規制と法制度の整備

BC はコンピュータ処理であり、本来処理の対象はデータや情報のみである。しかし、BC を応用する場合、コンピュータで直接処理できない現実の物理世界の物や行為を間接的に扱うことが多く、トラブルを回避するためには様々な法律や条例などを含むルールや規制を設けることが必要になるが、それには一般に長い時間がかかるうえ、具体的なルールや規制を世界で完全に統一できるとは限らない。BC によるシステムの利便性やコストは既存システムに比べて優位であることが多々あり、BC の応用は進む一方である。したがって、様々な応用に係わる法律などの整備を、タイミングを失することなくかつグローバルに進めていくことが円滑な BC 応用にとって必要不可欠である。

9.9.3 運用組織による取引の監視

8.2.1 項で説明した通り、仮想通貨を国家として発行し運用する動きがある。その目的の一つとして、金銭に係わる国民の取引をすべて監視し、不正な動きを逸早く検知して迅速な対応を可能にするとともに監視結果を証拠とする可能性が指摘されている。したがって、運用する組織の責任は計りしれないレベルになり得るが、このような監視は当初の BTC の目的にはなかったものであり、社会として認めるか否かは政治・経済・産業などあらゆる面からの国民コンセンサスを必要とすべきだという考え方もあり、今後の課題の一つである。

9.9.4 コスト評価

仮想通貨による取引は、例えば現在広く使われている銀行間振り込みよりコストが低いとよく言われる。これには注意が必要である。その理由は以下の通りである。

① 「コスト」が本来の『コスト』でなく『利用料金』（手数料）と混同している可能性があり、利用料金の決定にはシステムの構築・開発・運用に必要な経費だけでなく、例えば全国銀行データ通信システム（全銀システム）等関連する他のシステムとの接続利用に必要な経費、その時点での代替手段や競合他社の同等手段の料金との比較、提供組織の経営戦略や物価・経済状況など多くの考慮事項があるからである。

② 既存の銀行オンラインシステムの構築・開発・運用に必要な経費と、システム BTC の構築・開発・運用に必要な経費の算出条件を一致させることは困難だからである。例えば、銀行オンラインシステムは振込処理以外にも多くの複雑な処理機能を持つうえ一品ものとなることが多いのに対して、BC の応用ソフトウェアは多くの応用で共通となるプラットホームを基にして開発される可能性が高く、最新の開発技術の活用によって開発保守効率が格段に向上していることが多い。また、昨今マネーロンダリングなどの不正利用対策、不正侵入や情報漏洩への対処、プライバシー保護など取引に係わる安全性や信頼性を高く保つための条件は従来に比して厳しくなる一方で、当然コストも増加する。さらに、BTC では膨大な計算量を必要とする計算競争が前提となっているうえ、ネットワーク上で授受する情報量は銀行振り込みに比較してはるかに多く、その総合コストは利用するネットワーク、計算機ハードウェアや消費電力のコストにも大きく依存するため、正確なコストを算出することは容易でなく、現状では現実的でない可能性もある。

　既存システムと BC によるシステムとの比較における一つの観点はコストにあるが、上述の通りコストの観点からの評価は容易でなく、今後の一課題である。なお、BTC の BC の運用コストをその承認処理に必要なマイニング報酬から計算すると、現在 6.25 BTC/ ブロックとなり、為替レートを 1,000,000 円 /BTC と仮定すると数千円/Tr となるので、それほどコストが低いわけでないことになる。

あとがき

　ビットコイン（BTC）の技術について、学術面から見たオリジナリティ
（originality）は必ずしも高くないという意見がある。その理由は、BTC の中核
技術であるブロックチェーン（BC）が基本的には既存の技術を要素とした組み
合わせとも言えるからである。そのような既存要素技術には、本文で説明した通
り、公開鍵暗号方式、暗号的ハッシュ関数、Hashchain、Hashcash、ブルームフィ
ルタ、マークル木、スタックベース言語など数多い。しかし、各要素技術に対す
る改良・変形およびそれらの組み合わせの仕方についてのオリジナリティは十分
高いうえ、総合的にはこれまで実現できていなかった機能や特性を達成したこと
は事実であり、この点は高く評価できる。結果として、ビザンチン将軍問題と同
一ではないが分散システムにおける一種の合意形成問題に対し、過去に例のない
高いレベルの実用性を持つ解を与え、実運用を通してその有効性を事実上実証し
ている点は秀逸と評価できる。特に、信用できる第三者機関を前提としないシス
テム運用の仕組み、運用に対する参加者の動機付け、既存の通貨と異なる新通貨
概念などは、アイデアの考案と実現法の両者において価値があると言えよう。

　以下で BTC と BC を具体的に評価し総括を行う。BTC が直接可能にしたこと
を一言で表現すると『流通力のある仮想通貨の発行』となろう。これまでの通貨
は国が定めた法律によって裏付けされ国または国が認めた組織により発行された
法定通貨であったが、BTC は法律の裏付けがなく明確な発行主体や管理者が存
在しないまま通貨を独自に発行し流通できることを実証した。換言すると、国家
権力・信頼・資産を必要とせず価値の創成と交換を可能にし、言わば法定通貨の
存在を不要とする可能性を示唆することとなった。一方では、原理的には身元を
明かすことなくマネーロンダリング・預金課税の回避・外国為替取引規制の回避・
資産の隠蔽など社会的に好ましくない取引の可能性ももたらした。現在すでに
2,000 以上の仮想通貨が発行されており、発行金額の規模・頻度・速度によって
は、現在成立しているグローバルな経済秩序を根底から脅かす恐れもあるため、

世界的規模での規制を含め国際的な社会の対応を迫っているとも言えよう。

　BC に係わる動作の概略をまとめると次の通りとなる。

① 取引の支払者は、署名付き取引記録 Tr をネットワークに周知する。

② 各マイナーは、約 10 分の間に受信した Tr をブロックとしてまとめマイニング競争を進める。

③ 競争に勝ったマイナーは、完成したブロックをネットワークに周知し報酬を獲得する。

④ 各ノードは、受信した正当なブロックを BC に連結することによって BC を逐次更新する。

⑤ BC に連結されたブロックとそれに含まれる Tr は仮承認扱いとなり、以降さらにブロックの連結が進むと承認が確定する。

⑥ 承認が確定したブロックと Tr は基本的に各ノードで共通となり、合意形成が実現する。

　BC は全ての正当な Tr を保管する分散データベースであり、集中的な管理を担う組織やサーバに依存することなく全 Tr を漏れなく全関係者の間で共有し更新し続けることが BC によって可能となった。BC は複数の Tr をまとめたブロック相互の間に親子関係を表す時間的な順序（因果関係）情報を含み、どのブロックについても漏れなく最初に生成された始祖ブロックから順次たどることが可能である。親子関係は親ブロックのヘッダのハッシュ値を子ブロックがヘッダに持つことによって実現され、ブロックヘッダの改ざんや削除などは子ブロックのヘッダの検査によって検知できる。一方、ブロックヘッダには、ブロック内の Tr の集合であるボディのハッシュ値（マークルルート）があり、Tr の改ざんや削除はマークルルートの検査で検知できる。ハッシュに基づくこのようなブロック間とブロック内の管理によってブロックの安全対策が行われており、信頼性が高いと言える。総合的には、Tr の信頼の根源は始祖ブロックにあり、Tr を含むブロックが BC に組み込まれ、それに連結されるブロックが多くなればなるほど信頼性が高くなっていく。以上から、承認が確定した正当な Tr に関して現実的に次の

特性がある。

- 完全性：Tr の改ざんができない。
- 実在性：Tr が BC に存在することが保証される。
- 非可逆性：Tr の覆しや取り消しはできない。
- 信頼性：Tr を含むブロックに連結されるブロックが多いほど Tr の信頼性は高くなる。

また、各 Tr は過去の Tr を参照するが、過去の全 Tr を含む BC を使って各 Tr の正当性を検証すること、およびネットワークのノードに渡る分散処理によって次の特性を持つ。

- 通貨多重使用の防止：取引で得た通貨のうち一度使われた分は 2 度と使うことができない。
- 可用性：一部ノードの事故や不正によってサービスが中断することがないため可用性が高い。

このように、通貨システムとして必要な基本的特性を BTC/BC はすべて実現している。例えば、関係データベースのような従来型のデータベースでこれらの特性を実現するためには多くの機能を追加することが必須であり、この点から BC が優位であることは明らかである。以上を踏まえると、BC の多様な応用が検討され、特に BC が格納する Tr を契約のためのプログラムに拡張してその自動実行まで可能とし、真正性・追跡可能性・実行保証などの優れた特長を有するスマートコントラクトが、複雑で将来の見通しが容易でない現代社会に応用されていくことは必然の流れとも思える。また、BC は、通貨の新規発行で運用コストを賄うことによって 24 時間 365 日ベースで自発的に運用が継続できるシステムを可能にしたとも言え、今後の情報システムの運用の仕方やコストに関する方針を変えてしまう可能性も感じられる。BC を評価すると、『信頼できる第三者組織を必要としない非中央集権的な分散処理によって、価値の移転や契約の実行を可能

にし、かつそれらを記録し管理すること』を実現したと総括できよう。

　しかしながら、BC技術はまだ成熟した段階には至っておらず、例えば、安全性・効率性・性能・スケーラビリティ・合意形成・コストなどBC自体に関しても、また、仮想世界と現実世界の紐づけなどBC応用に関しても改善や検討の余地がある。特に、応用の拡大に伴って解決すべき課題がさらに明らかになって、その解決が一層重要になり深刻になる可能性がある。応用の中には中央集中処理的な方式がより適した解になる場合もあり得、システムとしてトレードオフを考慮しバランスを保つことも重要であろう。いずれにせよ、世界的に検討が進んでいるBCの幅広い応用と並行して学術的な研究も進んでおり、着実に成果が得られていくものと期待される。一方、昨今は投資事業的な取り組みの傾向が強くなっており、ややもすると儲け主義から拙速にBC応用事業を始め、安全性への配慮や不適切な運用・利用を促して社会に悪影響をおよぼす恐れの可能性も感じられる。また、何でも構わないからBCの応用を考えるような風潮も見受けられる。BCに限らず、技術を活用する場合、その本質を見極めるとともに目的や目標に照らして、必要性・可能性・適性などを的確に判断することが肝要であろう。

　20世紀以降、電子情報通信分野における技術革新は10年先を見通すことが困難なほど急激であり、目を見張るばかりである。例えば、インターネットによってあらゆる物が結びつき、契約・購入・支払・交流などがオンラインで可能となり、各種イベント・物流・医療・研究・教育・移動・会計・遠隔制御など、人類の社会活動の多くにおいて電子情報通信技術は必須になっている。その結果、それまで不可能あるいは困難だった機能の実現が可能あるいは容易になり、利便性や効率が飛躍的に向上してきた。しかし、このような発展が人類にとって幸福度をどの程度高めたであろうか。セキュリティ問題は完全に解決できてはいないし、障害の発生も完全には避けられず、大規模な人災を未然に完全に防ぐ技術は確立していない。自由資本主義ともあいまって技術は飛躍的に発展しつつあるが、社会の分断・格差が増大しつつあるうえ、悲惨な戦争も後を絶たない。インターネットかそれ以上の社会インパクトを持つ可能性がある基盤技術とも言われるBCが、これら社会問題の解決に役立ち人類の幸福度を真に高めるために有効な技術となることを強く願う。このようなBCの健全な発展と応用を期待する中、その考え

方・本質・仕組み・課題などを解説した本書が、そのような意味で少しでも役に立てば非常に幸いである。

付録 A

··

トランザクション展性と
その解決策

A.1　署名検証スクリプトとその実行

　Tr の識別には、4.2.1 項で説明した通り、Tr 全体のハッシュ値が使われ、この
ハッシュ値は Tr ID または txid と呼ばれる。トランザクション展性（Transaction
Malleability）は、Tr 内の署名部分を変更（改ざん）しても、署名の検証だけか
らではこの変更を検知できないという脆弱性を指す。署名を変更するとそれを含
む Tr の txid が変更するため、txid を使って何らかの処理を行う場合に Tr の二
重使用を許すなどの不具合が起き得る。本付録ではこの脆弱性について具体的に
説明するが、その前に予備知識として、Tr に含まれる関連情報を確認し、署名
検証の具体的な仕組みを説明する。

　4.2 節で示した通り、Tr は主に input と output から構成され、署名とその検証
に係わるスクリプトとして、通常 output にロック解除条件を表す scriptPubKey
および input にロック解除情報を表す scriptSig がある。scriptPubKey は公開鍵
のハッシュ値すなわち BA を持ち、scriptSig は署名と公開鍵を持つ。両スクリプ
トによって、input が参照する過去の Tr の未使用 output（UTXO）で限定された

正当な受領者が、間違いなく今回の Tr の支払者であり、その受領額を今回の支払いに使用することを確認できる。両スクリプトはスタックベースのプログラムであり、その具体的な処理手順を説明する前に、スクリプトで利用される演算処理（操作）とデータについて明らかにする。

　両スクリプトの具体例を図 A.1 に示す。この図において、OP_ で始まるアルファベット文字列と < と > で囲まれた文字列は、各々データ（被演算子）に対する何らかの演算処理（操作）を示す演算子、演算処理の対象となるデータ（被演算子）を表す。具体的には表 A.1 と A.2 に示す通りである。スタックは一列にデータを格納する器であり、後から格納（プッシュ：push）したものを先に出す（ポップ：pop）LIFO（Last In First Out）という特性を持つ。演算子が被演算子を伴う場合、原則として演算子を被演算子の後に位置する後置型（逆ポーランド記法）であるが、OP_PUSHDATA* や OP_PUSHDATA2 などは例外の前置型である。

scriptSig

```
OP_PUSHDATA*<sig>
OP_PUSHDATA*<pubKey>
```

scriptPubKey

```
OP_DUP
OP_HASH160
OP_PUSHDATA*<pubKeyHash>
OP_EQUALVERIFY
OP_CHECKSIG
```

図A.1●scriptSigとscriptPubKeyの例

表A.1●スクリプトの演算子（抜粋）

演算子	処理内容
OP_CHECKSIG	スタックからデータ（署名）をポップして署名検証を行い、失敗・成功に応じてエラー有・無を出力する
OP_DUP	スタックからデータをポップしてコピーを作り、両データをスタックにプッシュする
OP_EQUALVERIFY	スタックからデータを 2 個ポップして同一か否か検査し、同一でない場合のみ 2 個のデータをプッシュする
OP_HASH160	スタックからデータをポップしてそのハッシュ値を計算し、スタックにプッシュする
OP_PUSHDATA*	後に位置するデータをスタックにプッシュする

演算子	処理内容
OP_PUSHDATA2	後に位置するサイズが 2 バイトのデータが表すサイズ（単位：バイト）分だけ後続するデータをスタックにプッシュする

表A.2●スクリプトのデータ（抜粋）

データ	データの意味
<pubKeyHash>	公開鍵のハッシュ値（BA）
<sig>	署名
<pubKey>	公開鍵

　署名の検証は、scriptSig と scriptPubKey の連続実行で実現される。図 A.1 に示す scriptSig・scriptPubKey の例をこの順に実行した結果を図 A.2 に示し、署名の検証過程を説明する。図 A.2 では、実行した演算子を左列に示し、その実行結果をスタック内のデータで右列に示す。図 A.2(1) で示す通り、スタックの初期状態は空でデータは何も入っていない。scriptSig の最初の演算 OP_PUSHDATA*<sig> の実行によって scriptSig 内の署名をスタックにプッシュして入れ、その後 OP_PUSHDATA*<pubKey> の実行によって scriptSig 内の公開鍵をスタックにプッシュし署名の上に置く。結果は同図 (2) となる。次に、scriptPubKey の OP_DUP の実行によってスタックの最も上に位置するデータである公開鍵をコピーする。結果は同図 (3) となる。次に、OP_HASH160 の実行によってスタックの最も上のデータである公開鍵のハッシュ値を計算し置き換える。結果は同図 (4) となる。次に、OP_PUSHDATA*<pubKeyHash> の実行によって scriptPubKey 内の公開鍵ハッシュ値（BA）をスタックにプッシュする。結果は同図 (5) となる。次に、OP_EQUALVERIFY の実行によってスタックの最も上にある 2 個のデータ、つまり、scriptSig 内の「公開鍵」のハッシュ値と scriptPubKey 内の「公開鍵ハッシュ値」をポップして比較する。後者は BA であるので、これはロック解除情報の公開鍵のハッシュ値と BA を比較することになり、この比較による一致判定は公開鍵と BA が対応したものであることの検査になる。正当なロック解除情報であれば比較結果は一致する。OP_EQUALVERIFY

の実行とその結果は同図 (6) となる。次に、OP_CHECKSIG の実行によってスタックの最も上にある 2 個のデータ（公開鍵と署名）をポップし、後者データ（署名）を前者データ（公開鍵）で復号し、その結果が元の情報に一致することの検査、つまり、署名の検証を行う。検証が成功すればエラーなしで終了し、スタックは空の状態に戻る。OP_CHECKSIG の実行とその結果を同図 (7) に示す。以上の通り、2 つのスクリプト scriptSig と scriptPubKey を連続的に実行することによって署名が検証できる。

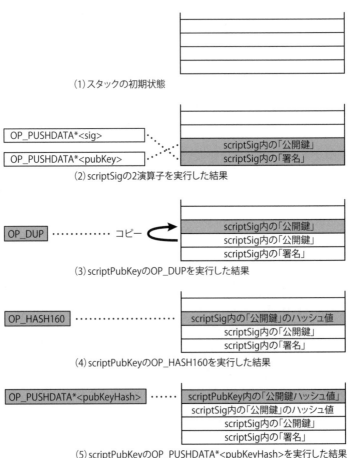

(1) スタックの初期状態

OP_PUSHDATA*<sig>

OP_PUSHDATA*<pubKey>

| scriptSig内の「公開鍵」 |
| scriptSig内の「署名」 |

(2) scriptSigの2演算子を実行した結果

OP_DUP ⋯⋯⋯⋯ コピー

| scriptSig内の「公開鍵」 |
| scriptSig内の「公開鍵」 |
| scriptSig内の「署名」 |

(3) scriptPubKeyのOP_DUPを実行した結果

OP_HASH160 ⋯⋯⋯⋯⋯

| scriptSig内の「公開鍵」のハッシュ値 |
| scriptSig内の「公開鍵」 |
| scriptSig内の「署名」 |

(4) scriptPubKeyのOP_HASH160を実行した結果

OP_PUSHDATA*<pubKeyHash> ⋯⋯⋯

| scriptPubKey内の「公開鍵ハッシュ値」 |
| scriptSig内の「公開鍵」のハッシュ値 |
| scriptSig内の「公開鍵」 |
| scriptSig内の「署名」 |

(5) scriptPubKeyのOP_PUSHDATA*<pubKeyHash>を実行した結果

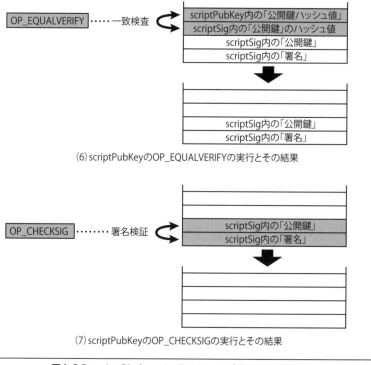

（6）scriptPubKeyのOP_EQUALVERIFYの実行とその結果

（7）scriptPubKeyのOP_CHECKSIGの実行とその結果

図A.2●scriptSigとscriptPubKeyの実行とその結果

A.2 トランザクション展性とその具体例

　トランザクション展性を理解するための予備知識として、図 A.1 の例を使っ
て、Tr の input に含まれる scriptSig 内の署名の具体的な作り方、特に署名の対
象となるデータを明らかにする。これまで説明した通り、一般に Tr には複数の
input があり、各 input がそれぞれ署名を含む scriptSig を持つ。署名は Tr にハッ
シュ関数 SHA256 を 2 回適用した結果を秘密鍵で暗号化した結果である。しか
し、この署名は Tr の一部であるため、署名自身にハッシュ関数を適用して暗号

化することはできない。そこで、署名を導出する前に、例えば各 scriptSig を署名対象から除外するか、または、あらかじめ定めた固定値を各 scriptSig に設定する必要がある。実際には後者の方法が採られ、Tr に複数ある input のうち当該 input 以外の input の scriptSig にはすべて固定値（すべて 0）を設定し [35]、当該 input 内の scriptSig には参照する output の公開鍵を設定した後、これら input をすべて含む Tr 全体のハッシュ値を計算し、その結果に対し秘密鍵を適用して暗号化し署名を得る [38]。わざと当該 input 内の scriptSig にだけ他の input と異なる値を設定することによって、各 input の scriptSig が持つ署名は異なる値となり、この異なる値を複数ある input の識別に使うこともできる。この処理を各 input に対して繰り返し実行して Tr 内の各 input が持つ scriptSig の署名を得たら、それら各署名と公開鍵を各 input の scriptSig に設定して Tr を完成させる。

各ノードにおいて Tr の正当性を検査する際に署名の検証を行うが、この署名検証でも scriptSig に対して同じ設定処理を行う。

一般に展性（Malleability）は、金に代表される金属などに圧力や打撃を加えたとき、破壊することなく板や箔のように薄く延ばすことができる性質を意味するが、トランザクション展性は具体的には次の 2 点を同時に実現することを言う。

- scriptSig の署名部分を、A.1 節で説明した署名検証が成功するように、変更（改ざん）する。
- scriptSig の署名部分の変更を除き Tr の内容は一切変わらない。つまり、この Tr 内の各 input が参照する過去の UTXO、およびこの Tr 内の各 output の支払額と支払先（通常 BA）は一切変わらない。

Tr を識別するための txid は Tr に SHA256 を 2 回適用して得たハッシュ値である。したがって、このトランザクション展性を実現する scriptSig の変更（改ざん）が可能であれば txid が変更しているのにもかかわらず署名検証が成功するため、署名検証だけからでは改ざんを検知できないことになる。

　図 A.1 の例の scriptSig に対するトランザクション展性を持つ変更の具体例を
図 A.3 に示す。これは、BTC に対する実際の攻撃で使われたものである。図 A.3
で、改ざん前と改ざん後のスクリプトを黒枠の長方形で示し、両スクリプトの
実行コードを灰色の長方形で示す。実行コードにおける「48, 41, 4D, 00」の各
2 桁の数値はそれぞれ 1 バイト長の数値の 16 進法表記である。また、「4100,
4800」は、エンディアンを考慮すると、それぞれ 2 桁の数値を入れ替えた「0041,
0048」が人間向きの長さの表記となり、改ざん前と改ざん後の実行コードの差
異は署名と公開鍵の各データの長さが 1 バイトか 2 バイトの違いだけで、両デー
タの値自体は同一となる。つまり、署名検証のために、改ざん前の元の scriptSig
と改ざん後の scriptSig を実行した結果は全く同一となり、改ざんしても署名の
検証は成功し、改ざんを検知できない。しかし、scriptSig の改ざんによって Tr
自体も改ざんされたことになり、そのハッシュ値である txid も変化する。した
がって、txid を使う処理は不適切となり、これを悪用すれば不正動作の可能性が
出てくる。

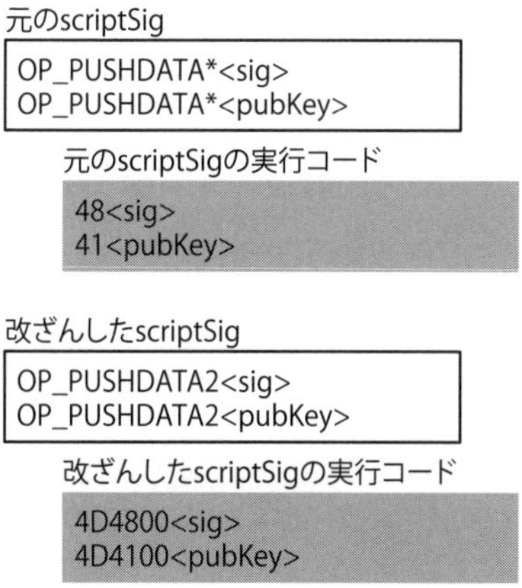

元のscriptSig

```
OP_PUSHDATA*<sig>
OP_PUSHDATA*<pubKey>
```

元のscriptSigの実行コード

```
48<sig>
41<pubKey>
```

改ざんしたscriptSig

```
OP_PUSHDATA2<sig>
OP_PUSHDATA2<pubKey>
```

改ざんしたscriptSigの実行コード

```
4D4800<sig>
4D4100<pubKey>
```

図A.3●scriptSigの改ざん例

A.3 トランザクション展性の悪用

トランザクション展性の悪用の一例を図 A.4 に示す。この例では、正当な取引の支払者 V が展性の悪用による攻撃の犠牲になり、その受領者 A が不正を働く攻撃者である。V は正しいトランザクション（Trl）を作成してネットワークに周知するが、これを受信した A はトランザクション展性を悪用して Trl を改ざんした Tri をネットワーク周知する。Tri を受信したノードの中に、Tri を含むブロックの作成に逸早く成功してネットワーク周知したマイナーがいたものとする。この Tri を含むブロックを受信した V は、その Tri が参照する UTXO を確認するため Tri の txid を使って V が持つ UTXO プールを探しても見つからないので、使おうとしていた UTXO がまだ使われていない、つまり、最初に送信した Trl が何らかの理由で失敗したとみなし、もう一度 Tr を作成し直した Trl' を周知したものとする。このとき、Trl' が参照する UTXO は Trl が参照した UTXO とは異なるものとする。この結果、V は A に対し 2 回支払う、つまり、A は二重受領ができてしまう。

この図 A.4 では受領者 A が Tr を改ざんしたが、もし V が後刻所有する UTXO の使用状況を調べると A に 2 回支払ったことを検知でき、二重支払いとなった Trl と Tri を詳細に調べることによって Tri が不正であり Trl を改ざんしたものと気づくであろう。V は A が改ざんしたと疑うことがあるかもしれないが、A 以外のユーザが改ざんすることも可能で、A が改ざんしたと断定することは困難である。

図 A.4 の例では受領者 A が Trl を改ざんしたが、別の任意のユーザが改ざんした場合、そのユーザが通貨を受領して利益を得ることはないので改ざんの目的は別になる。例えば、システム BTC において混乱を招く、あるいは BTC の信用をおとしめることを目的とする愉快犯となろう。しかし、愉快犯だとしても改ざんを働いた攻撃ユーザを特定することは、BTC に残っている履歴情報が BC だけだと容易でない。

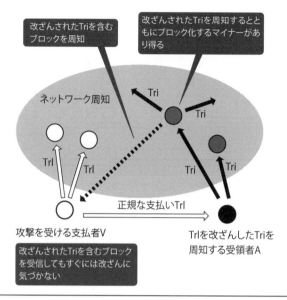

図A.4●トランザクション展性の悪用による攻撃の例

A.4　トランザクション展性の解決策

　トランザクション展性という脆弱性を解決するための対策はいくつか考えられる。この脆弱性によって影響を受けるユーザは Tr の支払者であり、実際にはその財源を管理するソフトウェアで解決できる。具体的には、支払い時の Tr の作成と周知に係わるウオレット、またはそれに相当するソフトウェアに必要な機能を追加変更すればよい。解決法の例を以下に示す。

① txid を、scriptSig を除いた Tr のハッシュ値とする。具体的な方法の例としては 9.6 節で述べた Segwit がある。
　　Segwit では、Tr 内に witness と呼ぶ新しいエリアを設け、Tr 内の scriptSig を witness に移す。また、ブロックに Tr を含める際は、各 Tr の witness を

ブロック内の最初の Tr である coinbase Tr に格納する。一方、txid を計算する場合は witness を除いた Tr のデータを対象にする。これによって、たとえ署名検証が成功するように署名を改ざんしても txid は変わらないので、txid の改ざんが成立しないことになり、トランザクション展性がなくなることになる。これは BTC の仕様変更であるが、2017 年 8 月に新旧両仕様が共存できるソフトフォークとして実現された。

② txid を使って Tr を探索しても見つからない場合は、例えば Tr に含まれる各 input が参照する UTXO をキーとしてそのような UTXO を持つ Tr を探索する。

この方法によって、たとえ scriptSig が改ざんされても UTXO は変わっていないので UTXO に対応する Tr が見つかるため、二重支払いは起きない。

なお、トランザクション展性という脆弱性は 2011 年には BTC コミュニティの間で知られており、BTC コミュニティが開発しリリースしているウオレットではすでに対応が済んでいる。しかし、例えば交換所で使う BTC ソフトウェアでは、多くの顧客を相手にして大量の Tr を処理することに主眼が置かれるため、このような脆弱性に対して十分な対策を考慮しないまま開発されたソフトウェアを使う可能性があるので注意が必要である。そのような一例とも言える可能性がある事件の一つは、交換所 MTGOX での巨額流失であろう。2014 年 2 月に MTGOX から発表された「民事再生手続開始の申立てに関するお知らせ」[39] によると、「平成 26 年 2 月初め頃不正アクセスがあった」とのことであり、この不正アクセスにトランザクション展性を悪用されたとの観測があるが、真相はまだ明らかとなっていないようである。

いずれにせよ、BTC におけるトランザクション展性は、『ある程度規模が大きい、または複雑なシステムには、方式と実装の双方に脆弱性（バグ）が残り得る』という重要な教訓と捉えることができる。

4.2.3 項で説明した通り、BTC のスクリプトで採用した言語はスタックベースのチューリング不完全なプログラミング言語で、記述できる機能に制限があり、セキュリティ的には安全性が高いはずである。しかし、それでもトランザクショ

ン展性のような脆弱性が残ってしまったわけで、他にも同様な恐れがないとは言い切れない。実際、同様なトランザクション展性の問題がいくつか知られている[40]。実装ソフトウェアを実用する前に通常多くのテストが行われるが、機能面でのテストだけでなく、あらかじめ仕様条件として設定されることが少ないセキュリティ面からの仕様や要件を明らかにし、テストや検証も徹底することが肝要である。

付
録

付録 B

ビザンチン将軍基本問題
の解

B.1 ビザンチン将軍基本問題の基本性質

　第 6 章で、分散システムにおける合意形成の基本的な問題としてビザンチン将軍基本問題を提示し、容易に思いつくが正解ではないナイーブ解と正解であるランポートらによる解 LSP を説明した。本付録では、ナイーブ解が正解でないことを反例によって示すとともに、その反例を含むいくつかの具体例を使って LSP のやや複雑な動作を詳細に示す。ビザンチン将軍基本問題の定義については 6.2 節を参照されたい。

　6.2 節で述べた通り、異常プロセス数が全プロセス数の 1/3 以上の場合、ビザンチン将軍基本問題には解が存在しない。正常プロセスが合意を形成するためには少なくとも正常プロセスが 2 個必要である。そこで、異常プロセスを含み規模が最も小さなケースとして、全プロセスが 3 個で、正常プロセスと異常プロセスがそれぞれ 2 個と 1 個の場合を考える。一般性を失うことなく、正常プロセスを P_1, P_2 とし、異常プロセスを P_3 とする。

　まず、正常プロセスが持つオリジナルデータの正常プロセスによる推測に関

する合意形成を検討する。一般性を失うことなく、P_1 のオリジナルデータを P_2 が推測するものとする。P_2 が P_1 のオリジナルデータを推測するためには、プロセス間で P_1 に関するデータを送受信するより他に方法がない。そこで、まず P_1 がオリジナルデータ $data_1$ のコピー d_1 を P_2 と P_3 に送信する。次に P_2 と P_3 はこの P_1 のオリジナルデータのコピー（以下、単にデータと呼ぶ）を交換する。このとき、P_3 は異常で P_2 に d_1 を送信するとは限らないので、実際に送信するデータを d_1' とする。この結果、P_2 が持つ P_1 のデータは、P_1 から直接受信した d_1 と P_3 から受信した d_1' となる。$d_1 = d_1'$ であれば、P_2 は P_1 のオリジナルデータを d_1 と推測し、これは正しい。しかし、$d_1 \neq d_1'$ だと正しく推測できない。つまり、合意形成に失敗する。

　次に、異常プロセスが持つオリジナルデータの正常プロセスによる推測に関する合意形成を検討する。上述の場合と同様に推測のためにできることはプロセス間のデータ送受信だけであり、異常プロセス P_3 はオリジナルデータのコピーを P_1 と P_2 に送信するが、異常プロセスが送信するデータは信頼できない。そこで、P_3 が P_1 と P_2 に送信するデータをそれぞれ x_1, x_2 とする。その後 P_1 と P_2 はデータを交換し、P_1 と P_2 が持つ P_3 に関するデータは両方とも (x_1, x_2) となる。したがって、P_1 と P_2 の推測結果は同一となり、例えば平均値を採る、または多数決を採る（多数がない場合はあらかじめ特定の値を決めておく）方法などによって合意を形成することができる。

　以上から理解できるように、全プロセス数 $n = 3$, 異常プロセス数 $m = 1$ の場合、異常プロセスが持つオリジナルデータの推測については合意形成ができるが、正常プロセスが持つオリジナルデータの推測については合意形成ができないため、総じて合意形成できる方法がなく、正解が存在しない。

　なお、異常プロセスが存在しない場合は、正常プロセス数によらず合意形成が実現できることは容易に理解である。例えば $n = 3$, $m = 0$ の場合、一般性を失うことなくプロセスを P_1, P_2, P_3 とし、P_1 のオリジナルデータの P_2 と P_3 による推測を検討する。P_1 がオリジナルデータ $data_1$ のコピー d_1 を P_2 と P_3 に送信した後 P_2 と P_3 がそのデータを交換すると、P_2, P_3 ともに P_1 のデータとして同一の (d_1, d_1) を持つことになり、正しい値で合意形成できることが容易に確認できる。

B.2) ナイーブ解の評価

　6.2 節で述べた通り、ビザンチン将軍基本問題に対するナイーブ解は正解でない。本節では、このことを反例によって証明する。ナイーブ解については 6.2 節を参照されたい。

B.2.1　全プロセス数が 4 で異常プロセス数が 1 の場合

　全プロセス数 n = 4 の場合、一般性を失うことなく各プロセスを P_1, P_2, P_3, P_4 とし、その中に異常プロセスが一つある場合を考える。プロセス P_i (i = 1, 2, 3, 4) が持つオリジナルデータを $data_i$ とする。

正常プロセスが持つオリジナルデータの推測

　まず、正常プロセスが持つオリジナルデータの正常プロセスによる推測を検討する。一般性を失うことなく、P_1, P_2, P_3 は正常、P_4 のみ異常と仮定して、P_1 が持つオリジナルデータの正常プロセス P_2 と P_3 による推測を検討する。

　ナイーブ解の Step 1 ～ Step 3 を実行し、各プロセスが P_1 のオリジナルデータ $data_1$ についてプロセス間で送受信するデータと推測した結果は表 B.1 の通りとなる。Step 1 で、プロセス P_1 はオリジナルデータ $data_1$ のコピー d_1 をプロセス P_2, P_3, P_4 に送信し、Step 2 で P_2, P_3, P_4 は P_1 から受信したデータを交換する。例えば、プロセス P_2 が持つ P_1 のデータについては、Step 1 で P_1 から d_1 を受信し、Step 2 で正常プロセス P_3 から d_1 を受信するが、異常プロセス P_4 から P_1 のデータとして信頼できない x_2 を受信したものとする。Step 3 で P_2 は P_1 のオリジナルデータに関して受信したデータ (d_1, d_1, x_2) の多数決をとり、その結果は d_1 で正しい。P_3 による P_1 のオリジナルデータの推測結果も同様に d_1 となり正しい。P_4 は異常プロセスであり合意形成の主体ではないので、表 B.1 のプロセスの欄には（参考）と付記し推測結果の欄は（推測不要）と記載した。このように、正常プロセスが持つオリジナルデータの正常プロセスによる推測結果は正しい値に

一致し合意形成が可能である。

表B.1 ● ナイーブ解において全プロセス数が4で異常プロセス数が1の場合に各プロセスが受信する正常プロセスP_1のオリジナルデータのコピーと推測結果

プロセス	P_1 からの受信データ	P_2 からの受信データ	P_3 からの受信データ	P_4 からの受信データ	推測結果（多数決）
P_1	−	−	−	−	$[data_1]$
P_2	d_1	−	d_1	x_2	d_1
P_3	d_1	d_1	−	x_3	d_1
P_4（参考）	d_1	d_1	d_1	−	（推測不要）

注1：−は自プロセス宛送受信または自プロセスが持つオリジナルデータのコピーの受信となり、実際にはデータ送受信がないことを表す。

注2：$[data_1]$ は、オリジナルデータを所有しているため、実際には推測せず正しい値を所有していることを表す。

異常プロセスが持つオリジナルデータの推測

次に、異常プロセスが持つオリジナルデータの正常プロセスによる推測を検討する。一般性を失うことなく、P_1 のみ異常、P_2, P_3, P_4 は正常と仮定して、P_1 が持つオリジナルデータの正常プロセス P_2, P_3, P_4 による推測を検討する。

Step 1 ～ Step 3 を実行し、各プロセスが P_1 のオリジナルデータ $data_1$ についてプロセス間で送受信するデータと推測した結果は表 B.2 の通りとなる。ここで、Step 1 では異常プロセス P_1 がオリジナルデータのコピーを他のプロセスに送信するが、それらの値は信頼できないので、P_2, P_3, P_4 にそれぞれ x_2, x_3, x_4 を送信するものとした。例えば、プロセス P_2 が持つ P_1 のデータについては、Step 1 で異常プロセス P_1 から信頼できないデータ x_2 を受信するが、Step 2 で正常プロセス P_3, P_4 からそれぞれ x_3, x_4 を受信し、総合すると (x_2, x_3, x_4) となるので、推測結果は majority(x_2, x_3, x_4) となる。ここで、majority は引数の集合の過半数を占める値を出力する多数決処理関数で、過半数の値が存在しない場合はあらかじめ定めた特定の値を出力する。他の正常プロセス P_3 と P_4 についても同様に、推測結果は majority(x_2, x_3, x_4) となる。このように、全正常プロセスによる異常

プロセスの推測結果は一致するので合意形成が可能である。

表B.2●ナイーブ解において全プロセス数が4で異常プロセス数が1の場合に各プロセスが受信する異常プロセスP₁のオリジナルデータのコピーと推測結果

プロセス	P_1 からの受信データ	P_2 からの受信データ	P_3 からの受信データ	P_4 からの受信データ	推測結果（多数決）
P_1（参考）	−	−	−	−	（推測不要）
P_2	x_2	−	x_3	x_4	majority(x_2, x_3, x_4)
P_3	x_3	x_2		x_4	majority(x_2, x_3, x_4)
P_4	x_4	x_2	x_3	−	majority(x_2, x_3, x_4)

6.2 節で、異常プロセス数 m = 1 の場合ナイーブ解が LSP と一致し正解になる旨を説明したが、以上の具体的な検討から、異常プロセスが 1 個のみで正常プロセスが 3 個以上あれば合意形成が可能でナイーブ解が正しいことを理解できる。このことは、ビザンチン将軍基本問題を解くうえで、このような単純なケースのみを考えてナイーブ解を思いつき正しいと誤解してしまう可能性を示唆しており、注意が必要である。

B.2.2　全プロセス数が 7 で異常プロセス数が 2 の場合

異常プロセスが 2 個以上の場合、ナイーブ解は正しい解とならない。つまり、一般的にナイーブ解は正解でない。その反例として、全プロセス数が 7 で、そのうちの異常プロセス数が 2 の場合を検討する。

正常プロセスが持つオリジナルデータの推測

一般性を失うことなく、正常プロセスを $P_1, P_2, \cdots, P_5$、異常プロセスを P_6, P_7 とする。また、各プロセス P_i（i = 1, $\cdots$, 7）のオリジナルデータを $data_i$ とする。正常プロセス P_1 が持つオリジナルデータ $data_1$ の正常プロセス $P_2, P_3, \cdots, P_5$ による推測を検討する。Step 1 で、正常プロセス P_1 は $P_2, P_3, \cdots, P_7$ に $data_1$ のコピー d_1 を送信する。表 B.3 に示す通り、Step 2 で各プロセス P_i（i = 2, 3, $\cdots$, 7）

は Step 1 で受信したデータ d_1 を P_j ($j = 2, 3, \cdots, 7, j \neq i$) に送信するが、異常プロセス P_6, P_7 は d_1 を送るとは限らないので、表 B.3 では P_j に送信するデータをそれぞれ x_j, y_j ($j = 2, 3, \cdots, 7, j \neq i$) とし信頼できないことを表した。Step 3 での推測結果は表 B.3 の最右列に示す通りで、異常プロセス P_6, P_7 については（推測不要）とした。この表から分かるように、正常プロセス P_i ($i = 1, 2, \cdots, 5$) の推測結果はすべて d_1 で正しく、ナイーブ解が正しく動作することが分かる。

表B.3●ナイーブ解において全プロセス数が7で異常プロセス数が2の場合に各プロセスが受信する正常プロセスP_1のオリジナルデータのコピーと推測結果

プロセス	P_1 からの受信データ	P_2 からの受信データ	P_3 からの受信データ	P_4 からの受信データ	P_5 からの受信データ	P_6 からの受信データ	P_7 からの受信データ	推測結果（多数決）
P_1	—	—	—	—	—	—	—	[$data_1$]
P_2	d_1	—	d_1	d_1	d_1	x_2	y_2	d_1
P_3	d_1	d_1	—	d_1	d_1	x_3	y_3	d_1
P_4	d_1	d_1	d_1	—	d_1	x_4	y_4	d_1
P_5	d_1	d_1	d_1	d_1	—	x_5	y_5	d_1
P_6（参考）	d_1	d_1	d_1	d_1	d_1	—	y_6	（推測不要）
P_7（参考）	d_1	d_1	d_1	d_1	d_1	x_7	—	（推測不要）

異常プロセスが持つオリジナルデータの推測

次に、一般性を失うことなく、異常プロセスを P_1 と P_7、正常プロセスを P_2, $P_3, \cdots, P_6$ とし、異常プロセス P_1 が持つオリジナルデータ $data_1$ の正常プロセス $P_2, P_3, \cdots, P_6$ による推測について検討する。Step 1 で異常プロセス P_1 はプロセス P_j ($j = 2, 3, \cdots, 7$) に $data_1$ のコピー d_1 を送信するが、送信するプロセス P_1 が異常で送信する値は信頼できないので、表 B.4 に示す通り、P_j に送信するデータを x_j とする。Step 2 で各プロセス P_i ($i = 2, 3, \cdots, 7$) は自プロセスが持つデータを他プロセス P_j ($j = 2, 3, \cdots, 7, j \neq i$) に送信するが、$P_7$ が送信するデータは

信頼できないので、表B.4 に示す通り、P_7 が P_j（j = 2, 3, … , 6）に送信するデータを y_j とする。

　Step 3 で各正常プロセス P_i（i = 2, 3, … , 6）は多数決処理を行い、それらの結果は、

$$\text{majority}(x_2, x_3, x_4, x_5, x_6, y_2)$$
$$\text{majority}(x_2, x_3, x_4, x_5, x_6, y_3)$$
$$\text{majority}(x_2, x_3, x_4, x_5, x_6, y_4)$$
$$\text{majority}(x_2, x_3, x_4, x_5, x_6, y_5)$$
$$\text{majority}(x_2, x_3, x_4, x_5, x_6, y_6)$$

となる。表B.4 ではすべて（不定）と記載したが、これらの値は y_i（i = 2, 3, … , 6)の値に応じて決まり、一般には一致しない。つまり、合意が形成できないため、ナイーブ解が正解でないことが分かる。

表B.4●ナイーブ解において全プロセス数が7で異常プロセス数が2の場合に各プロセスが受信する異常プロセスP_1のオリジナルデータのコピーと推測結果

プロセス	P_1 からの受信データ	P_2 からの受信データ	P_3 からの受信データ	P_4 からの受信データ	P_5 からの受信データ	P_6 からの受信データ	P_7 からの受信データ	推測結果（多数決）
P_1（参考）	－	－	－	－	－	－	－	（推測不要）
P_2	x_2	－	x_3	x_4	x_5	x_6	y_2	（不定）*
P_3	x_3	x_2	－	x_4	x_5	x_6	y_3	（不定）*
P_4	x_4	x_2	x_3	－	x_5	x_6	y_4	（不定）*
P_5	x_5	x_2	x_3	x_4	－	x_6	y_5	（不定）*
P_6	x_6	x_2	x_3	x_4	x_5	－	y_6	（不定）*
P_7（参考）	x_7	x_2	x_3	x_4	x_5	x_6	－	（推測不要）

注＊：5 個の（不定）の具体的な値は y_j（j = 2, 3, … , 6）に依存し、一般にこれらは一致しない。

　以上から、一般にナイーブ解は異常プロセスの持つオリジナルデータの推測結果を一致させることができず不正解であることが分かる。6.2 節でも述べたが、一般に異常プロセスが少なくとも 2 個あると、正常プロセスがどんなに多くても異常プロセスが持つオリジナルデータの正常プロセスによる推測結果が一致する保証がなく、ナイーブ解は不正解であることが分かっている。推測結果が保証できない理由は、最初の Step 1 で異常プロセスが正常プロセスの半数と残りの半数（正常プロセス数が奇数の場合は各々 [半数 + 0.5] と [半数 – 0.5] とする）に異なるデータを送信すると、Step 2 でもう一つの異常プロセスが各正常プロセスに送信するデータの値に応じて Step 3 での正常プロセスによる多数決処理の結果が異なり得るからである。

B.3　ランポートらによる解 LSP の分析

　6.2 節で説明したが、異常プロセスが全体の 1/3 未満という条件を設けると、ランポートらによって提示された再帰的アルゴリズム LSP はビザンチン将軍基本問題の正しい解となり合意形成が可能となる。アルゴリズム LSP にはいくつかの前提があり、その動作の概要を含めて 6.2 節で説明したのでここでは省略するが、以下に読み進む前に 6.2 節に目を通し理解しておくことが望ましい。

B.3.1　全プロセス数が 4 で異常プロセス数が 1 の場合

　アルゴリズム LSP の動作の基本を理解することを目的として、まず本質的に再帰性を含まない小規模な例を説明するが、アルゴリズムに慣れている読者は省略して構わない。

　全プロセス数 n が 4 の場合、各プロセスを P_1, P_2, P_3, P_4 とし、それらのオリジナルデータを $data_1$, $data_2$, $data_3$, $data_4$ とする。

正常プロセスが持つオリジナルデータの推測

まず、正常プロセスが持つオリジナルデータを他の正常プロセスが推測し、そ
れら推測結果が一致し合意が形成できる過程を説明する。具体的には、一般性を
失うことなく正常プロセスを P_1, P_2, P_3 とし、異常プロセスを P_4 とする。P_1 を
最初のサーバ役に設定し、P_1 のオリジナルデータ $data_1$ に関する他の正常プロ
セス P_2 と P_3 による推測を検討する。

異常プロセス数 m = 1 であり、まず LSP(1) の Step 1 と Step 2 を実行し、プ
ロセス P_1 はオリジナルデータ $data_1$ のコピー d_1 を他の全プロセス P_2, P_3, P_4 に
送信する。

次に Step 3 の実行に移り、P_2, P_3, P_4 の各々をサーバ役として LSP(0) を順次
実行する。つまり、まず P_2 をサーバ役として LSP(0) を実行し、P_2 が持つ P_1 の
データ d_1 を P_3 と P_4 に送信し、P_3 と P_4 は保管する。次に P_3 と P_4 を順次サー
バ役として同様に処理する。ただし、P_4 は異常プロセスであり、P_4 が送信する
P_1 のデータは信頼できないので、P_2 と P_3 に送信するデータをそれぞれ x_2, x_3 と
する。この結果、P_2, P_3, P_4 が持つ P_1 のデータは表 B.5 の通りとなる（右端の列
「推測結果」は後で説明する）。

表B.5●LSPにおいて全プロセス数が4で異常プロセス数が1の場合に各プロセスが受信する正常プロセスP_1のオリジナルデータのコピーと推測結果

プロセス	P_1 からの 受信データ	P_2 からの 受信データ	P_3 からの 受信データ	P_4 からの 受信データ	推測結果 （多数決）
P_1	−	−	−	−	[$data_1$]
P_2	d_1	−	d_1	x_2	d_1
P_3	d_1	d_1	−	x_3	d_1
P_4 (参考)	d_1	d_1	d_1	−	（推測不要）

次に、Step 3 までに受信したデータを用いて Step 4 で多数決による推測を行
う。例えば、P_2 が持つ P_1 のデータは (d_1, d_1, x_2) であり、x_2 の値によらず多数
決推測結果は正しい値 d_1 となる。同様に P_3 でも多数決推測を行う。それらの結
果は表 B.5 の右端列となる。

以上から、n = 4, m = 1 の場合、3 個の正常プロセス（P_1, P_2, P_3）間で、正常プロセス P_1 のオリジナルデータについての推測結果が正しい値 d_1 で一致し合意形成が可能であることを確認できる。

異常プロセスが持つオリジナルデータの推測

次に、n = 4, m = 1 の場合に、異常プロセスが持つオリジナルデータの推測結果について正常プロセスが正しく合意できることを示す。一般性を失うことなく、P_1 を異常プロセス、P_2, P_3, P_4 を正常プロセスとし、異常プロセス P_1 を最初のサーバ役に設定して P_1 のオリジナルデータについて P_2, P_3, P_4 が推測し合意が形成される処理過程を説明する。

最初に LSP(1) の Step 1 と Step 2 を実行する。異常プロセス P_1 はオリジナルデータ $data_1$ のコピーを他の全プロセスに送信するが、送信データは信頼できないので、P_1 が P_j（j = 2, 3, 4）に送信するデータを x_j とする。

次に Step 3 の実行に移り、P_2, P_3, P_4 の各々をサーバ役として LSP(0) を順次実行する。つまり、まず P_2 をサーバ役として LSP(0) を実行して P_2 が持つ P_1 のデータ x_2 を P_3 と P_4 に送信し、P_3 と P_4 は保管する。次に P_3 と P_4 を順次サーバ役として同様に処理する。この結果、P_2, P_3, P_4 が持つ P_1 のデータは表 B.6 の通りとなる（右端の列「推測結果」は後で説明する）。

表B.6●LSPにおいて全プロセス数が4で異常プロセス数が1の場合に各プロセスが受信する異常プロセスP_1のオリジナルデータのコピーと推測結果

プロセス	P_1からの 受信データ	P_2からの 受信データ	P_3からの 受信データ	P_4からの 受信データ	推測結果（多数決）
P_1（参考）	−	−	−	−	（推測不要）
P_2	x_2	−	x_3	x_4	majority(x_2, x_3, x_4)
P_3	x_3	x_2	−	x_4	majority(x_2, x_3, x_4)
P_4	x_4	x_2	x_3	−	majority(x_2, x_3, x_4)

そして、Step 3 までに受信したデータを用いて Step 4 で多数決による推測を行う。例えば、P_2 が持つ P_1 のデータは (x_2, x_3, x_4) であり、その多数決推測結果

は majority(x_2, x_3, x_4) となる。同様に、P_3, P_4 でも多数決によって推測し、それらの結果は表 B.6 の右端列の通りすべて majority(x_2, x_3, x_4) となる。このように、n = 4, m = 1 の場合、3 個の正常プロセス（P_2, P_3, P_4）間で、異常プロセス（P_1）が持つオリジナルデータについての推測結果が一致し合意形成が可能であることを確認できる。

　以上から、n = 4, m = 1 の場合、どのプロセスのオリジナルデータについても正常プロセス間で合意が形成でき、かつ正常プロセスが持つオリジナルデータの正常プロセスによる推測結果はオリジナルデータと等しく正しいことを確認できた。また、当然であるが、異常プロセスが持つオリジナルデータの正常プロセスによる推測結果は異常プロセスが正常プロセスに送信するデータの値に依存するため、一概に決めることはできない。

B.3.2　全プロセス数が 7 で異常プロセス数が 2 の場合

　以下では、全プロセス数 n が 7 で異常プロセス数 m が 2 の場合の LSP の動作について、正常プロセスの推測対象が正常プロセスの持つオリジナルデータである場合と、異常プロセスの持つオリジナルデータである場合の 2 つのケースに分けて詳細に説明する。

正常プロセスが持つオリジナルデータの推測

　一般性を失うことなく、正常プロセスを P_1, P_2, $\cdots$, P_5、異常プロセスを P_6, P_7、これらのプロセスのオリジナルデータを $data_1$, $data_2$, $\cdots$, $data_7$ とし、正常プロセス P_1 が持つオリジナルデータについて他の各正常プロセスが推測し合意形成する過程を説明する。アルゴリズム LSP は、Step 1 と Step 2 の両ステップでプロセス間データ送受信を行う。各両ステップでのデータ送受信をラウンドと呼ぶことにすると、ラウンドの回数は合計（m + 1 =）3 回であり、各ラウンドを実行順序に従って R0, R1, R2 と呼ぶ。

　アルゴリズム LSP は、最初に LSP(2) において R0 を実行する。R0 では P_1 がそのオリジナルデータ $data_1$ のコピー d_1 を他の全プロセス P_i（i = 2, 3, $\cdots$, 7）

に送信する。R0 でのプロセス間データ送受信を図 B.1 の左列の矢印で示す。P_1 が正常であるので、R0 の結果、各プロセス P_i が P_1 のオリジナルデータ $data_1$ に関して保管するデータは P_1 からの受信データ d_1 である。実際には、表 B.7 に示す通り、d_1 にそれを受信するまでに経由した全プロセスの系列（経由プロセス数が 1 個の場合も便宜上系列と呼び、以下このようなプロセス系列を単にプロセス系列と呼ぶ）を加えた 2 項組とする。この保管データは P_1 を除き全プロセスで同一である。

　P_1 のデータ送受信は R0 で完了し、以降は行わない。

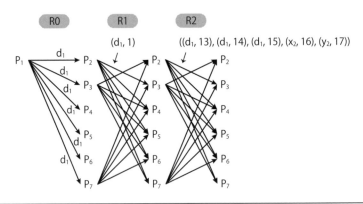

図B.1●正常プロセスP₁のオリジナルデータに関するプロセス間送受信

注 1：矢はプロセスが保持しているデータを送受信することを表す。
注 2：煩雑化を避けるため、R1 と R2 での P_4, P_5, P_6 の送信とその受信の矢は省略した。
注 3：煩雑化を避けるため、R1 と R2 での送受信データは P_2 から P_3 宛のみ記載した。
注 4：R が進むと、プロセスが保持し送信するデータ量は指数関数的に増加する。

表B.7●LSPにおいてR0終了後P₁のオリジナルデータに関して各プロセスP₁が保管するデータ

プロセス P_i	P_1 からの受信データ	R0 前の保管データ
P_1	—	[$data_1$]
P_2	d_1, 1	
P_3	d_1, 1	
P_4	d_1, 1	

プロセス P_i	P_1 からの受信データ	R0 前の保管データ
P_5	$d_1, 1$	
P_6	$d_1, 1$	
P_7	$d_1, 1$	

注1：例えば、2項組 $(d_1, 1)$ は、プロセス P_1 を経由して受信した（経由プロセスが1個なので、P_1 が送信したデータを直接受信したことを意味する）データ d_1 を表す。

注2：$[data_1]$ は、プロセス系列を含まず、R0 の前から P_1 が元々持っていたオリジナルデータを表す。

　次に、LSP(2) の Step 3 で、各 P_i（$i = 2, 3, \cdots, 7$）をサーバ役として LSP(1) において R1 を実行する。具体的には、LSP(1) の Step 1 と Step 2 で、P_i（$i = 2, 3, \cdots, 7$）が P_1 に関し保管していたデータ $(d_1, 1)$ を P_j（$j = 2, 3, \cdots, 7, j \neq i$）に送る。R1 でのプロセス間データ送受信を図 B.1 の中央列の矢印で示す。ここで、異常プロセス P_6 は $(d_1, 1)$ の代わりに信頼できないデータ $(x_i, 1)$（$i = 2, 3, \cdots, 5, 7$）をプロセス P_i に送り、異常プロセス P_7 は $(d_1, 1)$ の代わりに信頼できないデータ $(y_i, 1)$（$i = 2, 3, \cdots, 6$）をプロセス P_i に送るものとした。その結果、各プロセス P_i（$i = 2, 3, \cdots, 7$）が P_1 のオリジナルデータに関して持つデータは表 B.8 の通りとなる。

表B.8●LSPにおいてR1終了後P_1のオリジナルデータに関して各プロセスP_iが保管するデータ

プロセス P_i	P_2 からの受信データ	P_3 からの受信データ	P_4 からの受信データ	P_5 からの受信データ	P_6 からの受信データ	P_7 からの受信データ
P_2	—	$d_1, 13$	$d_1, 14$	$d_1, 15$	$x_2, 16$	$y_2, 17$
P_3	$d_1, 12$	—	$d_1, 14$	$d_1, 15$	$x_3, 16$	$y_3, 17$
P_4	$d_1, 12$	$d_1, 13$	—	$d_1, 15$	$x_4, 16$	$y_4, 17$
P_5	$d_1, 12$	$d_1, 13$	$d_1, 14$	—	$x_5, 16$	$y_5, 17$
P_6	$d_1, 12$	$d_1, 13$	$d_1, 14$	$d_1, 15$	—	$y_6, 17$
P_7	$d_1, 12$	$d_1, 13$	$d_1, 14$	$d_1, 15$	$x_7, 16$	—

注：例えば2項組 $(d_1, 13)$ は、R0 でプロセス P_1 が P_3 に送信し、その後 R1 で P_3 が P_2 などに送信した P_1 に関するデータ d_1 を表す。

次に、LSP(1) の Step 3 で、各 P_i (i = 2, 3, …, 7) をサーバ役として LSP(0) において R2 を実行する。具体的には、P_i が P_1 に関し保管していたデータを LSP(0) の Step 1 と Step 2 で P_j (j = 2, 3, …, 7, j ≠ i) に送信する。例えば、P_2 が P_1 に関し保管していたデータは表 B.8 の網掛け部分の（(d_1, 13), (d_1, 14), (d_1, 15), (x_2, 16), (y_2, 17)）であり、それらをまとめて P_j (j = 3, 4, …, 7) に送信する。P_j はこれらを受信した後に送信プロセス識別情報を付与し、（(d_1, 132), (d_1, 142), (d_1, 152), (x_2, 162), (y_2, 172)）として保管する。逆に、P_2 は他プロセス P_k(k = 3, 4, …, 7) から同様なデータを受信する。

表 B.9 は、R2 終了後に P_1 のオリジナルデータに関し P_2 が保管するデータを示す（最下行の多数決欄は後で説明する）。表 B.9 は、表 B.7 や表 B.8 と異なり、プロセス P_2 だけが保管するデータである点に注意が必要である。表 B.9 の上から 2 行目は、LSP(0) の R2 前に P_2 が P_1 に関し保管していたデータのプロセス系列にプロセス識別番号 2 を追加して更新した結果で、網掛けを施してある。また、表 B.9 の上から 3 行目以下の各行は P_2 が P_k (k = 3, 4, …, 7) から受信した P_1 のオリジナルデータに関するデータのリストである。また、上から 6 行目と 7 行目は各々異常プロセス P_6, P_7 から受信した P_1 のデータのリストであるが、どの受信データも信頼できないので d の代わりにそれぞれ xx, yy で表した。

表B.9●LSPにおいてR2終了後プロセスP_1のオリジナルデータに関してP_2が保管するデータ

最後にデータ受信した相手プロセス P_k						
(P_2)		d_1, 132	d_1, 142	d_1, 152	x_2, 162	y_2, 172
P_3	d_1, 123		d_1, 143	d_1, 153	x_3, 163	y_3, 173
P_4	d_1, 124	d_1, 134		d_1, 154	x_4, 164	y_4, 174
P_5	d_1, 125	d_1, 135	d_1, 145		x_5, 165	y_5, 175
P_6	xx_2, 126	xx_3, 136	xx_4, 146	xx_5, 156		xx_6, 176
P_7	yy_2, 127	yy_3, 137	yy_4, 147	yy_5, 157	yy_7, 167	
多数決	d_1	d_1	d_1	d_1	z_1	z_2

注：z_1 = majority(x_2, x_3, x_4, x_5, yy_7), z_2 = majority(y_2, y_3, y_4, y_5, xx_6)

P_1 のオリジナルデータに関して P_3, P_4, P_5 が保管するデータについても表 B.9 と同様である。以上によって第 1 の機能（Step 1, 2, 3 によるデータの収集）の処理が完了する。

次に、第 2 の機能（Step 4 の多数決処理）を実行する。Step 4 は m = 0 の場合には実行されないため、Step 4 の総実行回数は m + 1 でなく m である。つまり、LSP(1) の実行において、LSP(0) までに収集したデータ（P_2 分は表 B.9 の通り）を用いて P_i（i = 2, 3, … , 7）について Step 4 を実行し多数決処理を行う。P_2 についての多数決処理の結果を、表 B.9 の一番下の行『多数決』欄に示す。

その後、LSP(2) の Step 4 の実行に移り $P_2, P_3, … , P_7$ の多数決処理を行うが、P_2 では表 B.9 の最行行の多数決結果（$d_1, d_1, d_1, d_1, z_1, z_2$）の多数決を取り、$d_1$ が得られる。つまり、P_2 は P_1 のオリジナルデータを正しく d_1 と推測する。全く同様な処理によって P_3, P_4, P_5 も P_1 のオリジナルデータを d_1 と正しく推測する。この結果、正常な全プロセス P_2, P_3, P_4, P_5 による P_1 のオリジナルデータの推測値は d_1 (= $data_1$) となり、正しい同一の値となることが分かる。このように、正常プロセスが持つオリジナルデータの他の正常プロセスによる推測結果は正しい値に一致し、合意形成が達成できることが確認できる。

これら多数決処理については図 B.2 と B.3 を使うと理解がより容易となろう。これらの図は文献 [15] にある表記法を参考にしたものである。図 B.2 は P_2 が LSP(2), LSP(1), LSP(0) の各ラウンド R0, R1, R2 後に保管するデータを示す。これらの図における各データは、表 B.7 〜表 B.9 と同様に、

（受信データ , 受信プロセス系列）

の 2 項組で表しており、最左列に R0 で P_2 が P_1 から受信したデータ d_1 を (d_1, 1) と示す。次に、他の P_i (i = 3, 4, … , 7) が R0 で P_1 から受信したデータ (d_1, 1) を、P_2 は R1 で受信する。それらは図 B.2 の中央列にある通りで、(d_1, 1i) だけでなく、R0 で受信しすでに持っていた (d_1, 1) に自プロセス番号 2 を形式的にプロセス系列の最後に追加したもの (d_1, 12) を最上部に加え網掛けを施した。次に、他の P_i (i = 3, 4, … , 7) が R1 で P_k (k = 3, 4, … , 7, k ≠ i) から受信したデータを、

付録

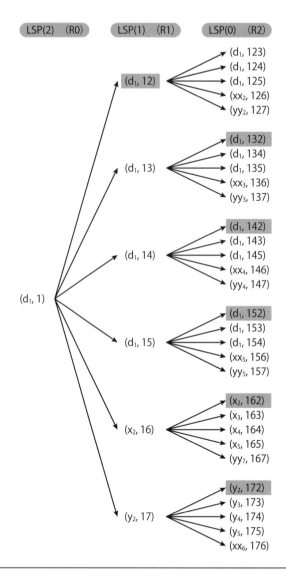

図B.2●正常プロセスP_1が持つオリジナルデータの正常プロセスP_2による推測（データ収集）（R1とR2で異常プロセスP_6, P_7が正常プロセスP_i（i = 2, 3, … , 5）に送信するデータを各々x_i, y_iとxx_i, yy_iとする。）

P_2 は R2 で受信する。それらは図 B.2 の右端の列にある通りで、経由したプロセス系列が 12j, 13j, …, 17j 毎に分けて記載してある。例えば、プロセス系列が 12j のデータは、$(d_1, 123)$、$(d_1, 124)$、$(d_1, 125)$、$(xx_2, 126)$、$(yy_2, 127)$ である。ここで、上述した通り異常プロセス P_6 と P_7 からの受信データは信頼できないため xx_2, yy_2 とした。プロセス系列が 13j, 14j, 15j のデータも同様である。プロセス系列が 16j と 17j のデータは、R1 で異常プロセス P_6 と P_7 から受信したデータをそれぞれ各プロセス P_i ($i = 3, 4, 5, 7$) と P_i ($i = 3, 4, 5, 6$) を経由して P_2 が受信したデータ x_3, x_4, x_5, yy_7 と y_3, y_4, y_5, xx_6 である。また、プロセス系列 12j, 13j, …, 17j 毎の各最上部のデータは、P_2 が R1 で持っていたデータに対してプロセス系列の最後に自プロセス番号 2 を形式的に追加したもので、網掛けを施してある。以上で説明した通り、図 B.2 は、表 B.9 で示したデータのうち P_2 が収集した P_1 のデータと一致している。

次に、第 2 の機能である多数決処理を図 B.2 に施した結果を表す図 B.3 について説明する。図 B.2 との違いは、R2 と R1 の結果を用いてそれぞれ LSP(2) と LSP(1) で多数決処理を実行した結果が追加されている点であり、このため、LSP(2) と LSP(1) のデータは 2 項組でなく次の 3 項組となっている。

(受信データ, 受信プロセス系列, 多数決結果)

このように、多数決処理はデータ収集とは逆の順番で LSP(1), LSP(2) の順に進む。ただし、先述した通り LSP(0) では多数決処理を実行せず、多数決処理の総実行回数は m であることに注意が必要である。まず、LSP(1) における多数決処理は図 B.2 の LSP(0) 列にあるデータの 5 個ずつの組に対してそれぞれ行われ、得られた結果は LSP(2) で多数決処理に使用されるため LSP(1) の 3 項組データの中に記載されている。例えば、LSP(0) 列の最も上にある 5 個データ組

$(d_1, 123)$, $(d_1, 124)$, $(d_1, 125)$, $(xx_2, 126)$, $(yy_2, 127)$

の受信データ $(d_1, d_1, d_1, xx_2, yy_2)$ の多数決をとると d_1 となる。これは正常プロ

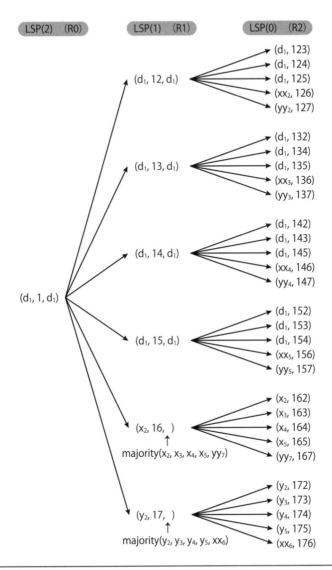

図B.3●正常プロセスP_1が持つオリジナルデータの正常プロセスP_2による推測（多数決処理）（P_2による推測値はd_1で、他の正常プロセスP_3, P_4, P_5による各推測値もすべて同一となる。）

セス P_1 が最初に P_2 に送信したデータを P_2 が他プロセスに送信した後そのプロセスを経由して P_2 が再度受信したデータであるが、異常プロセス P_6 と P_7 からの受信データ xx_2 と yy_2 の影響が多数決処理の結果消えている点が重要である。同様に、次の 5 個データ組

$$(d_1, 132), (d_1, 134), (d_1, 135), (xx_3, 136), (yy_3, 137)$$

の受信データ $(d_1, d_1, d_1, xx_3, yy_3)$ の多数決をとると d_1 となる。これは正常プロセス P_1 が最初に P_3 に送信したデータであるが、やはり多数決処理の結果異常プロセス P_6 と P_7 からの受信データ xx_3 と yy_3 の影響が消えている。同様にこの処理を繰り返すが、最後の 2 つの 5 個データ組

$$(x_2, 162), (x_3, 163), (x_4, 164), (x_5, 165), (yy_7, 167)$$
$$(y_2, 172), (y_3, 173), (y_4, 174), (y_5, 175), (xx_6, 176)$$

の受信データ $(x_2, x_3, x_4, x_5, yy_7)$ と $(y_2, y_3, y_4, y_5, xx_6)$ の多数決結果は簡単な形にすることはできず、それぞれ majority$(x_2, x_3, x_4, x_5, yy_7)$ と majority$(y_2, y_3, y_4, y_5, xx_6)$ となる。これらの多数決処理の結果は、図 B.3 の中央の LSP(1) 列にある各データの第 3 項の通りである。

次の LSP(2) における多数決処理では、LSP(1) 列データの第 3 項が入力となるので、その結果は、図 B.3 にある通り、

$$\text{majority}(d_1, d_1, d_1, d_1, \text{majority}(x_2, x_3, x_4, x_5, yy_7),$$
$$\text{majority}(y_2, y_3, y_4, y_5, xx_6)) = d_1$$

となる。これは、P_2 によって P_1 のオリジナルデータを推測した結果であり、P_1 のオリジナルデータ data$_1$ に等しく、図 B.3 では最左列 LSP(2) のデータの第 3 項に記載されている。他の正常プロセス P_3, P_4, P_5 によって P_1 のオリジナルデータを推測した結果も同一となる。言い換えると、各正常プロセスが持つオリジナ

ルデータを他の正常プロセスが推測した結果がすべてオリジナルデータに一致
し、目標である合意形成が達成できることが確認できる。

異常プロセスが持つオリジナルデータの推測

　次に、異常プロセスが持つオリジナルデータを各正常プロセスが推測する結
果が一致し、合意形成ができることについて説明する。一般性を失うことなく、
異常プロセスを P_1, P_7、正常プロセスを P_2, P_3, $\cdots$, P_6 とし、以下で異常プロセ
ス P_1 のオリジナルデータを他の各正常プロセスが推測する動作の過程を示すが、
一般性を失うことなく P_2 による推測動作の過程を中心に説明する。

　図 B.4 は、P_1 のオリジナルデータに関してプロセス間で送受信するデータを
示す。原理的には、それらデータは表 B.8 と B.9 と同様に整理できるが、多数決
処理の動作の理解を容易にするため、表の代わりに図 B.2 と B.3 と同等な形式の
図 B.5 と B.6 を用いて説明する。

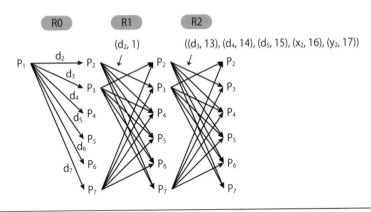

図B.4●異常プロセスP_1のオリジナルデータに関するプロセス間送受信

　LSP の第 1 のデータ収集機能のために R0(LSP(2)), R1(LSP(1)), R2(LSP(0)) の各
ラウンドで P_2 が受信し保管する P_1 のデータを図 B.5 の各列に示すが、P_1 は異
常プロセスであり他プロセスに送信するデータは信頼できないため、P_1 が R0 で
他の各 P_i（i = 2, 3, $\cdots$, 7）に送信するデータを d_i とした。

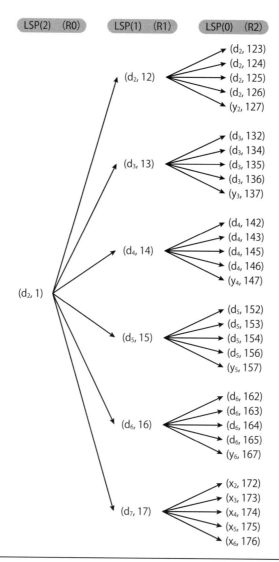

図B.5●異常プロセスP_1が持つオリジナルデータの正常プロセスP_2による推測（データ収集）（R1とR2で異常プロセスP_7が正常プロセスP_i（i = 2, 3, … , 6）に送信するデータを各々x_iとy_iとする。）

　図B.5において、R0でP$_2$がP$_1$から受信するデータは(d$_2$, 1)である。次のR1で、他のP$_i$(i = 3, 4, …, 7)がR0でP$_1$から受信したデータをP$_2$は受信する。それらは、この図の中央の列にある通りで、R0で受信しすでに持っていた(d$_2$, 12)（(d$_2$, 1)に自プロセス番号2をプロセス系列の最後に形式的に追加したもの）と(d$_i$, 1i)（i = 3, 4, …, 7)である。最後のR2で、他のP$_i$(i = 3, 4, …, 7)がR1でP$_j$(i = 2, 3, …, 7, j ≠ i)から受信したデータをP$_2$は受信する。それらはこの図の右端の列にある通りで、経由したプロセス系列が12j, 13j, 14j, …, 17jに分けて記載してある。例えば、プロセス系列が12jのデータは、(d$_2$, 123)、(d$_2$, 124)、(d$_2$, 125)、(d$_2$, 126)、(y$_2$, 127)である。ここで、P$_7$は異常プロセスであるためその送信データはy$_2$とし信頼できないことを表現した。プロセス系列が13j, 14j, …, 16jのデータも同様である。プロセス系列が17jのデータについては、R1で異常プロセスP$_7$から各プロセスP$_j$が受信したデータをさらにP$_2$が受信したデータであるが、値が信頼できないためx$_2$, x$_3$, …, x$_6$とした。以上で説明した通り、図B.5はP$_2$が収集したP$_1$のデータを示す。

　次に、第2の機能である多数決処理を図B.5に施した結果を表す図B.6を説明する。図B.5と異なり、図B.6ではLSP(1)とLSP(2)での多数決処理の結果がそれぞれR1とR0のデータの第3項に追加されている。まず、LSP(1)における多数決処理は、図B.6のLSP(0)列にあるデータの5個ずつの組に対して行われる。例えば、LSP(0)列の最上の5個データ組

$$(d_2, 123), (d_2, 124), (d_2, 125), (d_2, 126), (y_2, 127)$$

の受信データ(d$_2$, d$_2$, d$_2$, d$_2$, y$_2$)の多数決をとるとd$_2$となる。これは異常プロセスP$_1$が最初にP$_2$に送信したデータであるが、多数決処理の結果では異常プロセスP$_7$からの信頼できない受信データy$_2$の影響がなくなっている点が重要である。同様に、次の5個データ組

$$(d_3, 132), (d_3, 134), (d_3, 135), (d_3, 136), (y_3, 137)$$

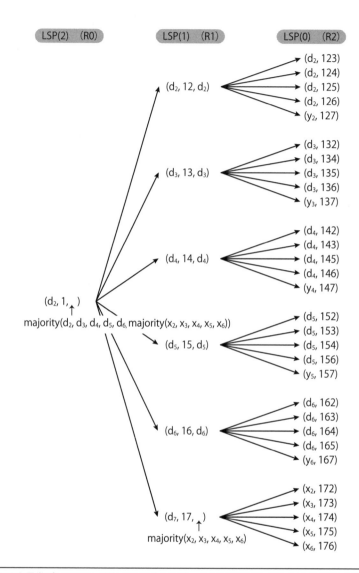

図B.6●異常プロセスP₁が持つオリジナルデータの正常プロセスP₂による推測（多数決処理）

の受信データ $(d_3, d_3, d_3, d_3, y_3)$ の多数決をとると d_3 となる。これは異常プロセ

ス P_1 が最初に P_3 に送信したデータであるが、やはり多数決処理の結果では異常プロセス P_7 からの信頼できない受信データ y_3 の影響がなくなっている。同様にこの処理を繰り返すが、最後の 5 個データ組

$$(x_2, 172), (x_3, 173), (x_4, 174), (x_5, 175), (x_6, 176)$$

の受信データ $(x_2, x_3, x_4, x_5, x_6)$ の多数決結果は簡単な形にすることはできず、majority$(x_2, x_3, x_4, x_5, x_6)$ となる。これらの多数決処理の結果は、図 B.6 の中央の LSP(1) 列にある各データの第 3 項の通りである。

　次の LSP(2) における多数決処理では、LSP(1) 列の各データの第 3 項が入力となるので、その結果は、図 B.6 にある通り、

$$\text{majority}(d_2, d_3, d_4, d_5, d_6, \text{majority}(x_2, x_3, x_4, x_5, x_6))$$

となる。これは P_2 によって P_1 のオリジナルデータを推測した結果であり、P_2 に依存していない点が重要である。つまり、他の正常プロセス P_3, P_4, P_5, P_6 によって P_1 のオリジナルデータを推測した結果も同一となる。言い換えると、異常プロセスが持つオリジナルデータを各正常プロセスが推測した結果が一致するので、目標である合意形成が達成できていることが確認できる。

　図 B.3 と B.6 を分析することによって、以下に示す通り、アルゴリズム LSP がビザンチン将軍基本問題を正しく解くことを定性的に確認できる。

　まず、図 B.3 について分析する。最初の多数決処理は LSP(1) で行われる。その対象のうち、

$(d_1, 123), (d_1, 124), (d_1, 125), (xx_2, 126), (yy_2, 127)$

$(d_1, 132), (d_1, 134), (d_1, 135), (xx_3, 136), (yy_3, 137)$

$(d_1, 142), (d_1, 143), (d_1, 145), (xx_4, 146), (yy_4, 147)$

$(d_1, 152), (d_1, 153), (d_1, 154), (xx_5, 156), (yy_5, 157)$

については、プロセス $P_2, P_3, \cdots, P_7$ が P_1 から直接受信したデータを、さらに他の各プロセスを中継して P_2 が受信したデータである。中継異常プロセス数は 2 で、半数（2.5）未満であるため異常プロセスの影響は各組ごとの多数決処理によって完全に消滅する。つまり、この多数決処理の結果は最初の R0 で正常プロセス P_1 が各プロセスに送信したデータに一致し、これは P_2 に限らず他の正常プロセスすべてで同一となる。

LSP(1) での残りの多数決処理では、

$(x_2, 162), (x_3, 163), (x_4, 164), (x_5, 165), (yy_7, 167)$

$(y_2, 172), (y_3, 173), (y_4, 174), (y_5, 175), (xx_6, 176)$

をそれぞれ対象とするが、これらの各データ組は異常プロセスを経由しているので信頼できず、多数決処理結果も信頼できない。しかし、異常プロセス数は半数（3）未満の 2 であるため、これら信頼できない多数決処理結果は次の LSP(2) での多数決処理結果に何ら影響をおよぼさない。つまり、異常プロセスが存在していても、異常プロセスが正常プロセスに中継送信したデータを多数決処理した結果異常プロセスの影響が消えてしまうので、P_2 に限らず正常プロセスでの多数決処理の入力データはすべて同一となる。

LSP(1) における多数決処理結果がいずれの正常プロセスでも同一であるため、最終的な LSP(2) での多数決処理結果もすべての正常プロセスにおいて同一となる。以上が、定性的ではあるが、アルゴリズム LSP によってビザンチン将軍基本問題の正解が得られ、合意形成が達成できることの説明である。

なお、R2 での受信データの総数は 30 であり、そのうち信頼できないデータは 18 個の過半数である。しかし、LSP では、全受信データを一括して多数決処理するのではなく段階的に多数決処理することによって少数（全体の 1/3 未満）の異常プロセスの影響を排除し、正常なプロセスでの多数決処理結果が正しくなっている。

次に、図 B.6 について分析する。最初の多数決処理は LSP(1) で行われる。その対象のうち、

$$(d_2, 123), (d_2, 124), (d_2, 125), (d_2, 126), (y_2, 127)$$
$$(d_3, 132), (d_3, 134), (d_3, 135), (d_3, 136), (y_3, 137)$$
$$\vdots$$
$$(d_6, 162), (d_6, 163), (d_6, 164), (d_6, 165), (y_6, 167)$$

の各データ組については、いずれも正常プロセスである $P_2, P_3, \cdots, P_6$ が異常プロセス P_1 から直接受信したデータを、さらに他のプロセスを中継して P_2 が受信したデータであり、中継プロセスの一部が異常であっても異常プロセス数が半数（2.5）未満であるため、異常プロセスの影響は多数決処理によって完全に消えている。つまり、この多数決処理の結果は最初の R0 で異常プロセス P_1 が各プロセスに送信したデータになり、これは P_2 に限らず他の正常プロセスすべてで同一となる。

R2 でのもう一つの多数決処理では

$$(x_2, 172), (x_3, 173), (x_4, 174), (x_5, 175), (x_6, 176)$$

を対象とする。これらの各データは異常プロセスを経由しているので信頼できないが、その異常プロセスの後さらに別のプロセスを経由して P_2 が受信したもので、P_2 以外の他のプロセスも同様に受信する。この例（n = 7, m = 2）では P_1 と P_7 を除くと異常プロセスは存在しないので、異常プロセス P_7 が各正常プロセスに送信したデータの多数決をとることになり、多数決処理の入力は P_2 によらず各正常プロセスに共通で同一となる。つまり、LSP(1) における多数決処理の結果は正常プロセスですべて同一となる。

この結果、LSP(1) での多数決処理の結果を入力とする最後の LSP(2) での多数決処理結果もすべての正常プロセスについて同一となる。

　以上の説明によって、定性的ではあるが、アルゴリズム LSP によってビザン
チン将軍基本問題の正解が得られ、合意形成が達成できる理由が理解できよう。

付録 C

ブロックチェーンの
改善と拡張

C.1 改善と拡張の概要

第7章までに説明した通り、仮想通貨を実現するためには多くの条件があり、システム BTC は様々な技術を組み合わせることによって条件を満たすように設計され運用されている。運用開始後多くの利用者や技術者が関与することになり、多様な課題が顕在化するとともにそれらの解決を目的とした改善や拡張が検討された。検討結果の一部は BTC に盛り込まれたが、異なる考え方も生まれ別のシステムとして実現されたものも少なくない。BTC のソフトウェアの一部の改変や機能追加によって BTC とは異なる新たな仮想通貨が多々生まれ、これらはオルトコインと総称される。具体的には colored coin, mastercoin などがある。それぞれの説明は関連の書籍・文献・Web サイトなどを参照されたい。これらの改善や拡張が行われた一方、顕在化したものの解決されないままの課題もある。

本付録ではビットコインの主な改善と拡張を、その対象に応じて以下の通り分類整理する。なお、主な未解決課題については第9章で解説した通りであり、必要に応じて参照されたい。

① ノード機能の軽量化

BTCの利用拡大に伴ってBCは巨大なサイズとなり、今後も増大傾向が続く。このため、メモリ容量や処理能力などのリソースに限界があるノードではBCの保管やマイニング動作が困難となり、2012年からTrに関して簡易検証を行うことが可能になった。このようなノードは軽量ノードと呼ばれ、詳細は第7章で説明した通りである。

② 非分散型の運用管理

BTCの開発方針には、集中処理を不要とした不特定参加者ベースのP2P型分散処理があるが、BCが持つ改ざんへの強靭さや分散台帳という特長に重きを置き、不特定参加者に基づくセキュリティ上の問題や性能の問題を回避するため、運用管理を特定の組織やいくつかの組織の連携によって実現する非分散型運用管理方式に変更する考え方がある。

③ PoWの代替

現状のマイニングによるPoWでは膨大な計算量を必要とする暗号パズルを解くが、その動機付けは報酬獲得である。その結果、報酬獲得のための計算競争が熾烈で、電力利用料金が廉価な場所での専用ハードウェアによる計算能力の集中化・寡占化が進んでいる。この問題を回避するためPoWを変更し、例えば、保有している通貨の額や取引の量などに応じてマイニングに成功する確率が変化するPoS、PoIのような別の方針を採用しているシステムがいくつかある。

④ 新しい機能

BTCは基本的に仮想通貨による取引を実現するために考案され開発されたが、BCの活用によって、通貨の取引でなく別の価値を記述し証明することなどを可能にしたシステムが多くある。例えば、プログラム化された契約、商店や催し会場などで使えるクーポンや入場券、インターネットにおけるDNSで管理する名前・メールアドレス・公開鍵・SSL証明書のような様々

な情報を扱うための改善や拡張がある。中でも、プログラムによる契約を扱うスマートコントラクトは一種の分散的ソフトウェアエージェントシステムであり、プログラムによって処理内容を変更できるうえ、契約の自動履行と履行結果の確認がいつでもできるため、応用が極めて広いと期待される。

⑤ 通貨の扱い

BTC では新規発行通貨の総量が決まっているが、その価値は市場任せとなっており、法定通貨との変換レートは変動制で日々上下している。これに対し、新規発行通貨の量を無制限としたシステムや保有している通貨の価値を時間とともに減少させることによって通貨の使用を促進するシステムなど、通貨の扱いが異なるシステムが存在する。

　これらの改善・拡張のうち、以下では、本書の主目的対象である BC 技術に深く係わるものとして、第 7 章で説明した①ノード機能の軽量化を除き、②非分散型運用管理、③ PoW の代替、および④スマートコントラクトについて具体的に説明する。

C.2　非分散型運用管理

　BTC/BC では運用管理への参加や離脱は自由で、運用管理を担当する組織や運用管理に責任を持つ組織は存在しないとも言われるが、特に BC をベースとする応用システムにおいて運用管理を担う組織を設ける考え方がある。この観点から、BC を次の 3 種類に分類できる。

① パブリック型

BTC で採用している方式で、全参加者が運用管理を担当するが、逆に運用管理を担当する組織や責任を持つ組織が存在しないとも言われる。P2P 型

の分散処理（非集中処理）が特徴であり、合意形成を実現するための特別な仕組みが必須である。

② プライベート型

運用管理を担当する組織が一つ存在している集中処理型で、例えば、金融機関による仮想通貨システムが考えられる。一般には処理能力の柔軟な向上やプライバシーの保護が容易となる。BC への書き込みを伴う取引処理自体は特定組織のみ担当するが、BC への読み取りアクセスは範囲を限定して公開する考え方もある。

③ コンソーシアム型

①と②の中間型とも言え、いくつかの組織が共同で運用管理を担当するもので、一般に特性も①と②のハイブリッド的になる傾向があるものの、どちらかと言えばプライベート型に近い。

以上の3種類の BC についての比較結果を表 C.1 に示す。このような特徴を踏まえ、3種類の BC を使い分けることになる。

表C.1●3種類のBCの比較整理

比較項目	パブリック型	コンソーシアム型	プライベート型
運用管理者（責任者）	全参加者（存在しない）	複数組織による特定の共同組織（コンソーシアム）	特定の単独組織
運用管理への参加・離脱（ノード数）	自由（ノード数が可変で不定）	特定共同組織の許可が必要（ノード数が既知）	特定組織の許可が必要（ノード数が既知）
Tr の承認処理	PoW、PoS などによる厳格な手続きによる合意形成が必要	特定共同組織による承認処理を行うので合意形成は不要	特定組織による承認処理を行うので合意形成は不要

比較項目	パブリック型	コンソーシアム型	プライベート型
Tr 承認処理の所要時間	長い	短い	短い
単位時間に処理可能な Tr 数（性能）	少ない	多い	多い
Tr 承認処理の透明性	高い	高～低（方針による）	低い（方針による）
Tr 承認処理の動機付け	必要（報酬）	不要	不要
Tr 情報のプライバシー保護	BA からの漏れがあり得るため完全な保護が困難	保護が容易	保護が容易
取引記録の可用性（永続性）	高い	高～低（方針による）	低い（方針による）
構築技術の独自性・更新	容易でない	方針による	容易

C.3 PoW の代替

　BTC の PoW では、暗号パズルを最も早く解くことによってマイニング競争に勝ち抜いたマイナーが報酬を得る。この暗号パズル解きには多量の計算を必要とし、原理的に計算能力の大きさに応じた確率で勝利者が決まるので、現実には報酬の獲得を目的として、多くのマイナーが計算をほぼ常に実行している。結果的に、想像できないほど多量の計算が行われることでエネルギーを無駄に消費し地球環境を悪化させているとも言える。さらに、第 9 章で説明した通り、例えば51% 攻撃・41% 攻撃など PoW にはセキュリティ上の脆弱性などの問題も存在している。

　この PoW が持つ問題を解決するための代替策がいくつか考えられている。表C.2 に主な代替策とそれらの比較結果をまとめた。

表C.2●PoWの代替策の比較

比較項目	PoS（Proof of Stake）	PoI（Proof of Importance）	PoC（Proof of Consensus）	DPoS（Delegated Proof of Stake）
報酬を獲得するユーザの選択方法	通貨の保有高や保有時間に応じた確率で選定する。	通貨の保有高・取引量（回数）などを基にしたスコアに応じた確率で選定する。	何らかの管理組織によって決定する。	通貨保有者による選挙で決定する。
長所	PoW に比べ暗号パズル解きのための無駄な処理がない。	PoW に比べ暗号パズル解きのための無駄な処理がない。取引を積極的に推進できる。	PoW に比べ暗号パズル解きのための無駄な処理がない。管理組織の意向を反映しやすい。	PoW に比べ暗号パズル解きのための無駄な処理がない。選挙の方法によっては、公平性・効率性・コスト・迅速性を向上しやすい。
短所	保有額が多いノードが益々保有額を増やす『富の集中』が起きやすい。本来の狙いである『制御の分散性』が低くなる。通貨の流通を妨げる可能性がある。	無駄な取引が増え、本来の取引が迅速に処理できなくなる。PoS と同様、『富の集中』が起きやすく、『制御の分散性』が低くなる。	管理組織の決定法によっては、公平性・効率性・コスト・迅速性に悪影響が出る。	選挙の方法によっては、公平性・効率性・コスト・迅速性に悪影響が出る。
備考	保有額が多いノードは、通貨の価値を下げる不正は行わないという前提がある。	スコアはシステムへの利用貢献度とも言えるが、スコアの計算方法が鍵となる。	管理組織の決定法と運用維持方法が鍵となる。	通貨保有者による選挙方法が鍵となる。

C.4 スマートコントラクト

　システム BTC で蓄積管理する対象は、仮想通貨 BTC を用いた正しい取引記録（Tr）である。蓄積管理する対象を Tr から契約を表すプログラムに変更するとともに、プログラムを自動自立的に実行し実行結果をも蓄積管理するような拡張がスマートコントラクトである。具体的には、BC 内に契約プログラムとその実行に係わる入力と出力のデータおよびプログラムの内部状態情報を履歴として蓄積管理する。このプログラムはユーザが自由に作成できるが、公開されるうえ公平に処理され実行結果の正しさも随時検証できる。

　スマートコントラクトの代表的な実例として、8.2.2 節で触れた Ethereum が挙げられる [41]。これはデファクト標準とも言える存在であろう。Ethereum はスイスを拠点として開発が進められ、2015 年にリリースされた。これ以前のBC は基本的に BTC の BC を踏襲していたが、Ethereum では Solidity と呼ばれる言語が定義され、これによってチューリング完全なスマートコントラクト用プログラムを作成でき、その実行が取引の実行（支払い）と同様に扱われて実行結果の記録も BC に保管できる。このスマートコントラクトの実行環境は EVM（Ethereum Virtual Machine）と呼ばれ、Linux、Windows、MacOS などの OS に対応している。EVM におけるプログラムの実行ではステップごとに一定の手数料を支払うことになる。また、合意形成は PoW ベースであるが、ブロック生成間隔は 30 秒程度で BTC よりかなり短い。なお、BTC と同様 BC には取引記録も保管できる。

　スマートコントラクトのもう一つの例として、8.5 節で触れた Hyperledger Fabric があり、昨今利用が拡大している。Ethereum が中央管理組織のない不特定多数の参加者から構成されるパブリック型であるのに対し、Hyperledger Fabric はある特定の組織や組織の連合体での用途が想定されており、参加にあたっての厳格な管理や制御が可能である。

　スマートコントラクトでは自由な記述が可能なプログラムを扱うことができるため、その応用は際限がない。スマートコントラクトに対する期待は極めて大き

付録

く、最近開発される BC では仮想通貨だけでなくスマートコントラクトも扱える
ことが多いが、問題点も少なくない。第 1 の問題点は、スマートコントラクト
のためのプログラム自体の正当性が保証されないということである。例えば、第
8 章で触れた通り、Ethereum の上の投資ファンド The DAO ではプログラムバグ
のため大規模な資金流出事件が起きたことがあり、大きな社会インパクトを与え
た。このため、現在は確実に取引可能な資産と結びついたセキュリティトークン
(ST) に移行する流れとなっている。第 2 の問題点は、第 1 の問題点と関連する
が、プログラム自体が公開対象となるので、攻撃側にとってプログラムを解析し
て脆弱性を見つける可能性が高いということである。

　このような問題にもかかわらず、スマートコントラクトへの注目度は高く
[42]、第 8 章でも紹介した通り積極的な応用研究が続いている。同時に、問題を
解決するためセキュリティやプライバシーに関する安全性を高めるための研究も
鋭意進められている状況にある。

文 献

[1] Satoshi Nakamoto, "Bitcoin: A Peer-to-Peer Electronic Cash System", https://bitcoin.org/bitcoin.pdf (October 2008)

[2] Leslie Lamport, Robert Shostak, Marshall Pease, "The Byzantine Generals Problem", ACM Transactions on Programming Languages and Systems, Vol.4, No.3, pp.382–401 (July 1982) doi:10.1145/357172.357176

[3] https://www.blockchain.com/

[4] 加藤聰彦、"インターネット"、コロナ社（2012 年 12 月）

[5] 岡本栄司、西出隆志、"暗号と情報セキュリティ"、コロナ社（2016 年 5 月）

[6] Andreas M. Antonopoulos, "Mastering Bitcoin", O'Reilly, ISBN: 978-1-449-37404-4 (December 2014), https://unglueit-files.s3.amazonaws.com/ebf/05db7df4f31840f0a873d6ea14dcc28d.pdf（今井崇也、鳩貝淳一郎訳、"Mastering Bitcoin ビットコインとブロックチェーン"、NTT 出版（2016 年 7 月））

[7] 松浦幹太、"情報セキュリティ基礎講義"、コロナ社（2019 年 3 月）

[8] 金子勇、"Winny の技術"、アスキー書籍編集部（2005 年 1 月）

[9] Leslie Lamport, "Password Authentication with Insecure Communication", Communications of the ACM, Vol.24、No.11, pp770-772 (November 1981)

[10] Adam Back, "Hashcash - A Denial of Service Counter-Measure", http://www.hashcash.org/papers/hashcash.pdf（August 2002）

[11] E.A.Akkoyunlu,K. Ekanadham,R.V.Huber,"Some constraints and tradeoffs in the design of network communications", SOSP '75: Proceedings of the fifth ACM Symposium on Operating Systems Principles, pp. 67–74 (November 1975) https://doi.org/10.1145/800213.806523

[12] Andrew S. Tanenbaum, Maartem Van Steen, "Distributed Systems Principles and Paradigms - second edition", Pearson Prentice Hall (2007) (水野忠則他訳 "分散システム－原理とパラダイム 第2版 "、ピアソンエデュケーション (2009))

[13] 石田賢治他 "分散システム 第2版 "、共立出版、pp.127-130(2019年9月)

[14] Matthias Fitzi, "Generalized Communication and Security Models in Byzantine Agreement", dissertation to ETH ZURICH (No. 14761) (2002)

[15] Mark Nelson, "The Byzantine Generals Problem", https://marknelson.us/posts/2007/07/23/byzantine.html (July 2003)

[16] 日本ブロックチェーン協会、https://jba-web.jp/

[17] Rachid Guerraoui, Nikola Knežević, Vivien Quéma, "The Next 700 BFT Protocols", Proceedings of the 5th European conference on Computer systems (EuroSys), pp.363-376 (April 2010)

[18] Y.C.Yeh, "Safety critical avionics for the 777 primary flight controls system", 20th DASC. 20th Digital Avionics Systems Conference (Cat. No.01CH37219), 1, pp. 1C2/1–1C2/11, doi:10.1109/DASC.2001.963311, ISBN 978-0-7803-7034-0 (2001)

[19] Jake Edge,"ELC: SpaceX lessons learned", https://lwn.net/Articles/540368/ (March 2013)

[20] Miguel Castro, Barbara Loskov,"Practical Byzantine Fault Tolerance and Proactive Recovery", ACM Transactions on Computer Systems, 20(4), pp.398-461, CiteSeerX 10.1.1.127.6130 doi:10.1145/571637.571640

[21] Pierre-Louis Aublin, Sonia Ben Mokhtar, Vivien Quema, "RBFT: Redundant Byzantine Fault Tolerance", 33rd IEEE International Conference on Distributed Computing Systems (July 2013)

[22] Jean-Paul Bahsoun, Rachid Guerraoui, Ali Shoker, "Making BFT Protocols Really Adaptive", 2015 IEEE International Parallel and Distributed Processing Symposium (IPDPS), pp.904–913 doi:10.1109/IPDPS.2015.21, ISBN 978-1-4799-8649-1

[23] Rafael Pass, Lior Seeman, Abhi Shelat, "Analysis of the Blockchain

Protocol in Asynchronous Networks", EUROCRYPT 2017, Lecture Notes in Computer Science, Vol.10211. Springer, Cham

[24] Juan A. Garay, Aggelos Kiayias, Nilos Leonardos,"The Bitcoin Backbone Protocol: Analysis and Applications" , EUROCRYPT 2015, Lecture Notes in Computer Science, Vol.9057, Springer, Berlin, Heidelberg

[25] Burton H. Bloom,"Space/time trade-offs in hash coding with allowable errors" , Communications of the ACM, Vol.13, no.7 (July 1970) https:// doi.org/10.1145/362686.362692

[26] Ralph C. Merkle, "Secrecy, authentication, and public key systems (Computer science)", UMI Research Press (1982) ISBN 0-8357-1384-9.

[27] https://www.u-aizu.ac.jp/information/byacco.html

[28] 松尾真一郎、" ブロックチェーンの安全性－攻撃や脆弱性とその対策 "、情報処理、Vo.61, No.2, pp.159-165 (2020 年 2 月)

[29] Ittay Eyal, Emin Gün Sirer,"Majority is not Enough: Bitcoin Mining is Vulnerable" , https://arxiv.org/abs/1311.0243, Cornell University (November 2013)

[30] Arthur Gervais, Ritzdorf, Ghassan, O. Karame, Srdjan Capkun,"Tampering with the Delivery of Blocks and Transactions in Bitcoin," https:// scalingbitcoin.org/papers/bitcoin-block-transaction-delivery.pdf (2015)

[31] Masashi SATO, Shin'ichiro Matsuo,"Long-Term Public Blockchain: Resilience against Compromise of Underlying Cryptography", ICCCN 2017 Workshop on Privacy Security and Trust in Blockchain Technologies (2017)

[32] Siamak Solat, Maria Potop-Butucaru, "ZeroBlock: Preventing Selfish Mining in Bitcoin", [Technical Report] Sorbonne Universites, UPMC University of Paris 6, (2016) hal-01310088v1

[33] Eric Lombrozo, Johnson Lau, Pieter Wuille, "Segregated Witness (Consensus layer)", https://github.com/bitcoin/bips/blob/master/bip-0141.mediawiki (December 2015)

[34] hristian Decker, Roger Wattenhofer, "Bitcoin Transaction Malleability and MtGox", European Symposium on Research in Computer Security, ESORICS 2014, pp.313-326

[35] 斉藤賢爾、"ビットコインにおけるトランザクション、その展性と影響、"（2014 年 5 月） http://member.wide.ad.jp/tr/wide-tr-ideon-bitcoin-transaction2014-00.pdf

[36] Jehan Tremback, Zack Hess, "Universal Payment Channels", https://althea.net/documents/universal-payment-channels.pdf (November 2015)

[37] Joseph Poon, Thaddeus Dryja, "The Bitcoin Lightning Network: Scalable Off-Chain Instant Payments", https://lightning.network/lightning-network-paper.pdf (January 2016)

[38] 漆蔦賢二、"Bitcoin を技術的に理解する"、日本ネットワークセキュリティ研究会 PKI 相互運用 WG・電子署名 WG（2014 年 6 月 2 日）、https://www.slideshare.net/kenjiurushima/20140602-bitcoin1-201406031222

[39] 株式会社 MTGOX、"民事再生手続開始の申立てに関するお知らせ"、（2014 年 2 月 28 日） https://www.mtgox.com/img/pdf/20140228-announcement_jp.pdf

[40] Pieter Wuille, "Dealing with malleability", https://github.com/bitcoin/bips/blob/master/bip-0062.mediawiki (March 2014)

[41] Vitalik Buterin, "A NEXT GENERATION SMART CONTRACT & DECENTRALIZED APPLICATION PLATFORM", Ethereum White Paper, https://blockchainlab.com/pdf/Ethereum_white_paper-a_next_generation_smart_contract_and_decentralized_application_platform-vitalik-buterin.pdf

[42] 知念祐一郎、芦澤奈美、矢内直人、クルーズジェイソンポール、"スマートコントラクト－ブロックチェーンからなるプログラミングプラットホーム"、電子情報通信学会 通信ソサイエティマガジン、No.53, 夏号、pp.26-33（2020 年）

■ 著者略歴

若原　恭（わかはら・やすし）

1972 年　東京大学 工学部電気工学科 卒業
1974 年　東京大学 大学院工学系研究科修士課程 修了
1974 年　国際電信電話 (株) 入社・同研究所 配属
1999 年　東京大学 情報基盤センター 着任
2000 年　東京大学 大学院新領域創生科学研究科基盤情報学専攻 兼務
2008 年　東京大学 大学院工学系研究科電気系工学専攻 兼務
2015 年　東京大学 名誉教授

ビットコインのブロックチェーン技術

2020 年 9 月 20 日 　　　初版第 1 刷発行

著　者	若原　恭
発行人	石塚 勝敏
発　行	株式会社 カットシステム

〒 169-0073 東京都新宿区百人町 4-9-7 　新宿ユーエストビル 8F
TEL（03）5348-3850　　FAX（03）5348-3851
URL　http://www.cutt.co.jp/
振替　00130-6-17174

印　刷	シナノ書籍印刷 株式会社

本書に関するご意見、ご質問は小社出版部宛まで文書か、sales@cutt.co.jp 宛に e-mail で
お送りください。電話によるお問い合わせはご遠慮ください。また、本書の内容を超え
るご質問にはお答えできませんので、あらかじめご了承ください。